화엄경 제64권 (입법계품 39-5) 해설

화엄경 제64권에는 휴사우바이의 불퇴주 법문과 구사선인의 동진주, 승열바라문의 법왕자주 법문이 나온다.

휴사우바이는 천만가지로 장엄한 광대한 궁전에서 살았는데, 백만 우바이들을 거느리고 살아 누구나 보는 이는 병이 저절로 없어지고 번뇌의 때가 벗겨졌다.
"나는 옛날 연등부처님께서 법행을 배우고 법문을 들었는데, 근심 없고 평안한 당기만 얻었으니 저 남쪽 나라 소요국에 가서 구사선인을 만나보라."
하였다. (1-42p)

다시 선재동자가 보살들의 깨끗한 생을 생각하며 니구루사 나무 밑에 앉아 있는 구사선인을 뵈오니 자신이 있는 무승당해탈에 대하여 설명해주고, 다시 여러 동자들의 공부하는 모습을 가르킨 뒤 승열바라문을 찾아가 보라 하였다. (42-57p)

승열바라문은 불무더기 큰 칼산중에 살고 있었는데, 보살들을 구하고져 하거든 그곳에 올라가 뛰어 내리라 하였다. 그래서 동자는 그가 시키는데로 불무더기가 솟아오르는 속에 들어가 3계화택의 고난을 몸소 체험하고 보살적정락신통삼매를 얻은 뒤 그의 가르침을 받아 사자분신성 자행녀의 안내받았다. (59-98p)

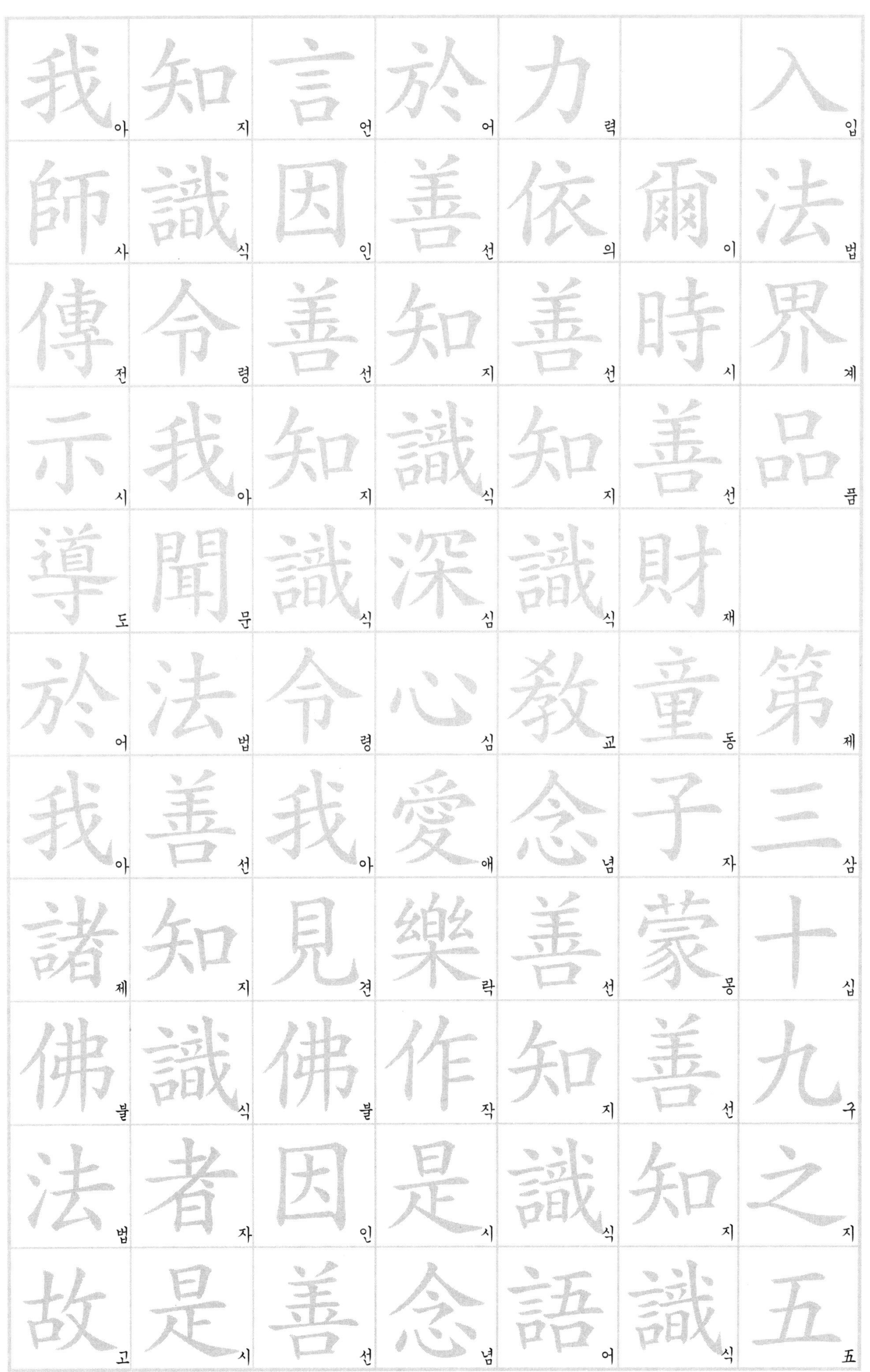

사경의 공덕은 십만억 부처님께 공양한 것과 같은 공덕이 있습니다.

切 체	圍 위	見 견	華 화	津 진	佛 불	善 선
寶 보	遶 요	普 보	池 지	濟 제	如 여	知 지
華 화	一 일	莊 장	故 고	令 령	虛 허	識 식
樹 수	切 체	嚴 엄	漸 점	我 아	空 공	者 자
雨 우	寶 보	園 원	漸 점	得 득	故 고	是 시
衆 중	樹 수	衆 중	南 남	入 입	善 선	我 아
妙 묘	行 항	寶 보	行 행	諸 제	知 지	眼 안
華 화	列 렬	垣 원	至 지	佛 불	識 식	目 목
布 포	莊 장	墻 장	海 해	如 여	者 자	令 령
散 산	嚴 엄	周 주	潮 조	來 래	是 시	我 아
其 기	一 일	匝 잡	處 처	蓮 연	我 아	見 견

地一切寶香樹香氣氛氳普
지일체보향수향기분온보

熏十方一切寶鬘樹雨大寶
훈십방일체보만수우대보

鬘處處垂下一切摩尼寶王
만처처수하일체마니보왕

樹雨大摩尼寶徧布充滿一
수우대마니보변포충만일

切寶衣樹雨種種色衣隨其
체보의수우종종색의수기

所應周匝敷布一切音樂樹
소응주잡부포일체음악수

風動成音其音微妙過於天
풍동성음기음미묘과어천

사경의 공덕은 십만억 부처님께 공양한 것과 같은 공덕이 있습니다.

那 나	以 이	所 소	具 구	飾 식	奇 기	樂 악
摩 마	覆 부	合 합	有 유	其 기	妙 묘	一 일
尼 니	其 기	成 성	百 백	地 지	之 지	切 체
寶 보	上 상	百 백	萬 만	淸 청	物 물	莊 장
間 간	百 백	萬 만	殿 전	淨 정	處 처	嚴 엄
錯 착	萬 만	樓 누	堂 당	無 무	處 처	具 구
莊 장	宮 궁	閣 각	大 대	有 유	分 분	樹 수
嚴 엄	殿 전	閻 염	摩 마	高 고	布 포	各 각
一 일	毘 비	浮 부	尼 니	下 하	以 이	雨 우
萬 만	盧 로	檀 단	寶 보	於 어	爲 위	珍 진
浴 욕	遮 자	金 금	之 지	中 중	嚴 엄	玩 완

사경의 공덕은 십만억 부처님께 공양한 것과 같은 공덕이 있습니다.

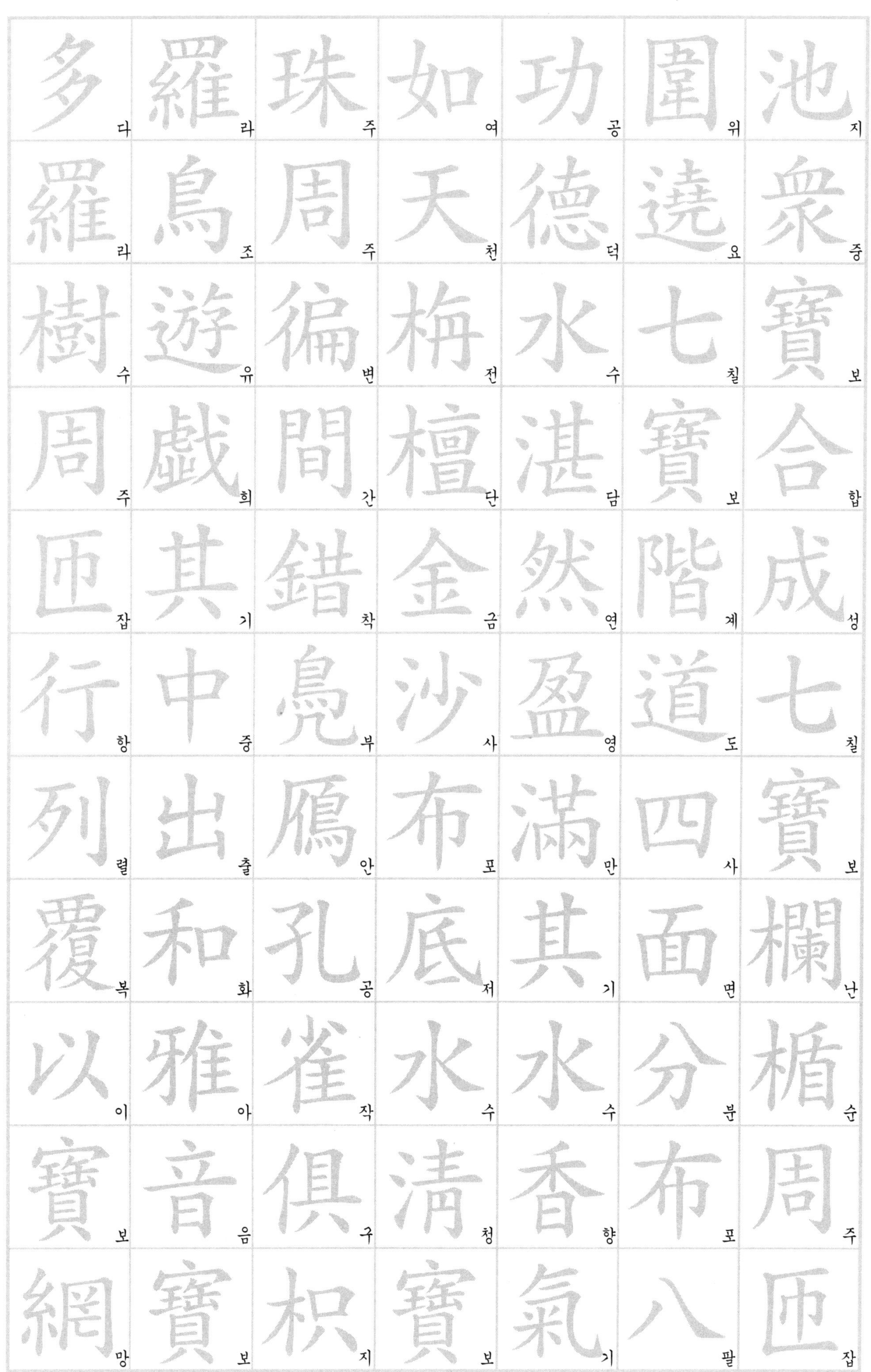
池(지) 衆(중) 寶(보) 合(합) 成(성) 七(칠) 寶(보) 欄(난) 楯(순) 周(주) 匝(잡)
圍(위) 遶(요) 七(칠) 寶(보) 階(계) 道(도) 四(사) 面(면) 分(분) 布(포) 八(팔)
功(공) 德(덕) 水(수) 湛(담) 然(연) 盈(영) 滿(만) 其(기) 水(수) 香(향) 氣(기)
如(여) 天(천) 栴(전) 檀(단) 金(금) 沙(사) 布(포) 底(저) 水(수) 淸(청) 寶(보)
珠(주) 周(주) 徧(변) 間(간) 錯(착) 鳧(부) 鴈(안) 孔(공) 雀(작) 俱(구) 枳(지)
羅(라) 鳥(조) 遊(유) 戲(희) 其(기) 中(중) 出(출) 和(화) 雅(아) 音(음) 寶(보)
多(다) 羅(라) 樹(수) 周(주) 匝(잡) 行(항) 列(렬) 覆(복) 以(이) 寶(보) 網(망)

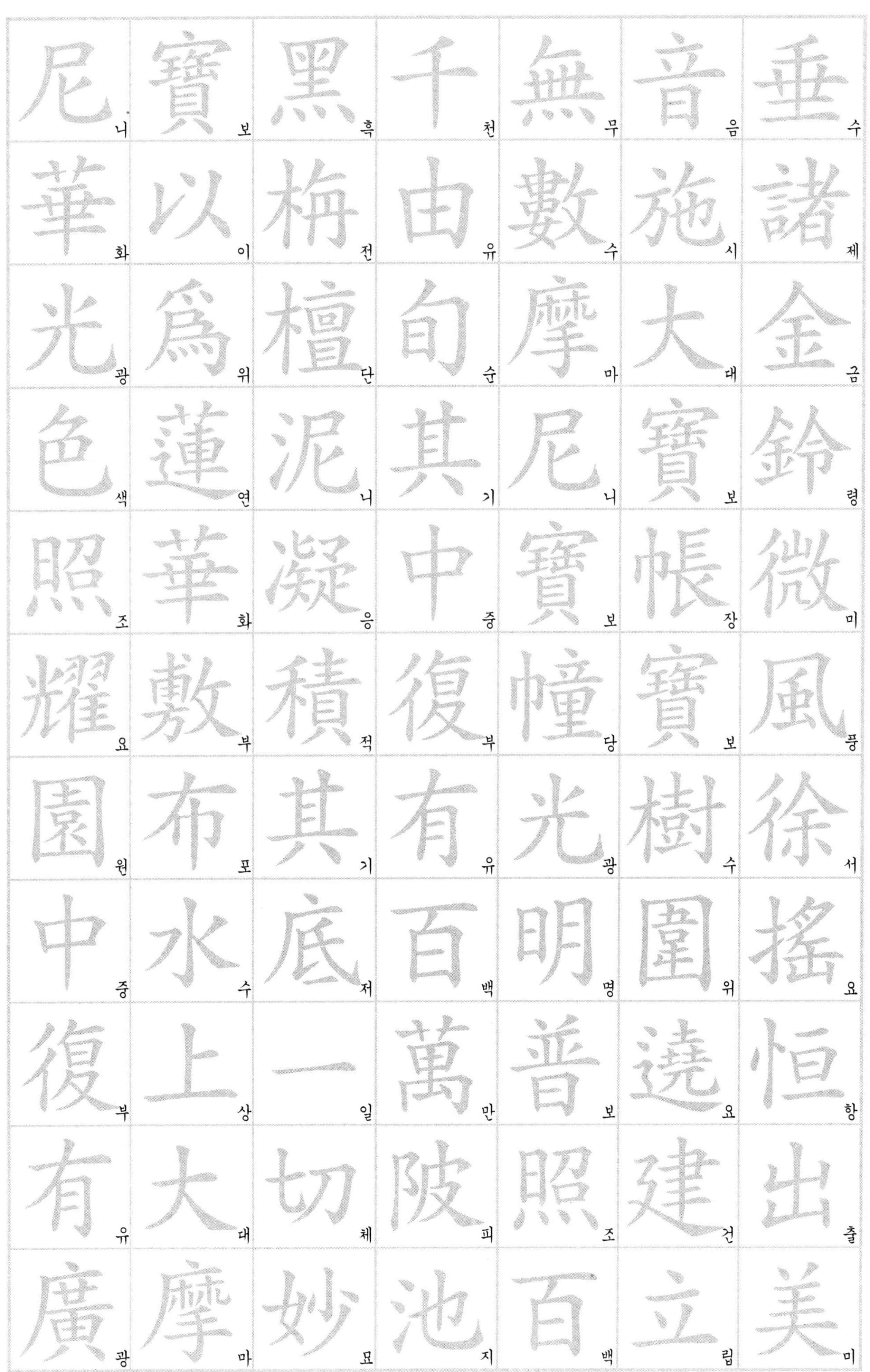

사경의 공덕은 십만억 부처님께 공양한 것과 같은 공덕이 있습니다.

妙 묘	阿 아	焰 염	摩 마	柱 주	而 이	大 대
香 향	盧 로	熾 치	尼 니	閻 염	爲 위	宮 궁
普 보	那 나	然 연	以 이	浮 부	其 기	殿 전
熏 훈	香 향	重 중	爲 위	檀 단	地 지	名 명
一 일	王 왕	樓 루	莊 장	金 금	毘 비	莊 장
切 체	覺 각	挾 협	嚴 엄	以 이	瑠 류	嚴 엄
其 기	悟 오	閣 각	無 무	覆 부	璃 리	幢 당
宮 궁	香 향	種 종	數 수	其 기	寶 보	海 해
殿 전	王 왕	種 종	寶 보	上 상	而 이	藏 장
中 중	皆 개	莊 장	王 왕	光 광	爲 위	妙 묘
無 무	出 출	飾 식	光 광	藏 장	其 기	寶 보

蓮 연	尼 니	藏 장	照 조	座 좌	所 소	有 유
華 화	寶 보	摩 마	耀 요	毘 비	謂 위	無 무
座 좌	蓮 연	尼 니	世 세	盧 로	照 조	量 량
普 보	華 화	寶 보	間 간	遮 자	耀 요	寶 보
門 문	座 좌	蓮 연	摩 마	那 나	十 시	蓮 연
摩 마	離 이	華 화	尼 니	摩 마	方 방	華 화
尼 니	垢 구	座 좌	寶 보	尼 니	摩 마	座 좌
寶 보	藏 장	師 사	蓮 연	寶 보	尼 니	周 주
蓮 연	摩 마	子 자	華 화	蓮 연	寶 보	廻 회
華 화	尼 니	藏 장	座 좌	華 화	蓮 연	布 포
座 좌	寶 보	摩 마	妙 묘	座 좌	華 화	列 열

사경의 공덕은 십만억 부처님께 공양한 것과 같은 공덕이 있습니다.

光嚴摩尼寶蓮華座安住大
광엄마니보연화좌안주대

海藏淸淨摩尼寶蓮華座金
해장청정마니보연화좌금

剛師子摩尼寶蓮華座園中
강사자마니보연화좌원중

復有百萬種帳所謂衣帳鬘
부유백만종장소위의장만

帳香帳華帳枝帳摩尼帳眞
장향장화장지장마니장진

金帳莊嚴具帳音樂帳象王
금장장엄구장음악장상왕

神變帳馬王神變帳帝釋所
신변장마왕신변장제석소

着摩尼寶帳如是等其數百
착마니보장여시등기수백

萬有百萬大寶網彌覆其上
만유백만대보망미부기상

所謂寶鈴網寶蓋網寶身網
소위보령망보개망보신망

海藏眞珠網紺瑠璃摩尼寶
해장진주망감류리마니보

網師子摩尼網月光摩尼網
망사자마니망월광마니망

種種形像衆香網寶冠網寶
종종형상중향망보관망보

瓔珞網如是等其數百萬有
영락망여시등기수백만유

사경의 공덕은 십만억 부처님께 공양한 것과 같은 공덕이 있습니다.

사경의 공덕은 십만억 부처님께 공양한 것과 같은 공덕이 있습니다.

香향 光광 摩마 尼니 寶보 光광 明명 如여 是시 等등 其기

數수 百백 萬만 常상 雨우 百백 萬만 莊장 嚴엄 具구 百백

萬만 黑흑 栴전 檀단 香향 出출 妙묘 音음 聲성 百백 萬만

出출 過과 諸제 天천 曼만 陀다 羅라 華화 而이 以이 散산

之지 百백 萬만 出출 過과 諸제 天천 瓔영 珞락 以이 爲위

莊장 嚴엄 百백 萬만 出출 過과 諸제 天천 妙묘 寶보 鬘만

帶대 處처 處처 垂수 下하 百백 萬만 出출 過과 諸제 天천

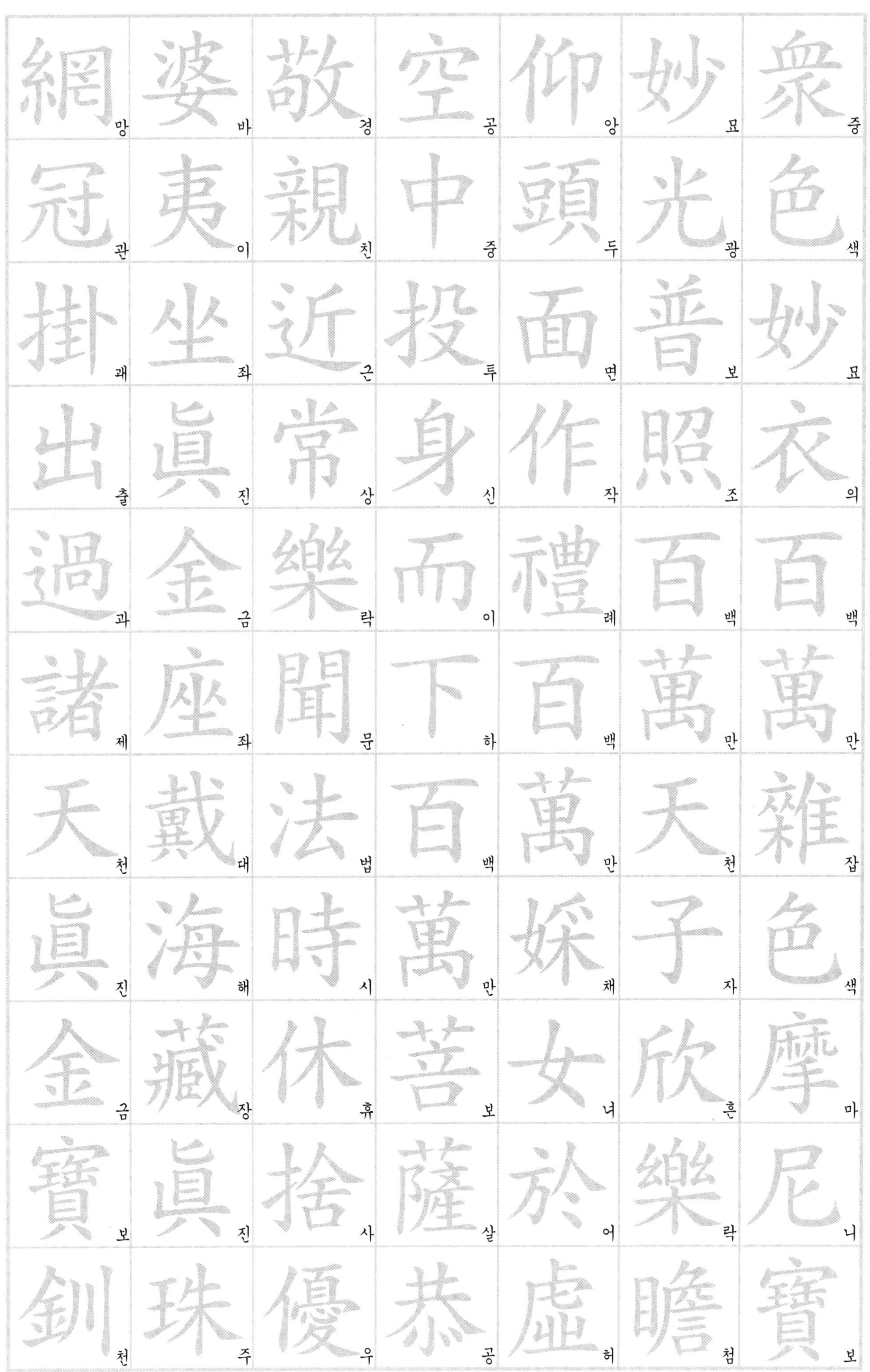

사경의 공덕은 십만억 부처님께 공양한 것과 같은 공덕이 있습니다.

天 천	無 무	由 유	切 체	如 여	首 수	垂 수
梵 범	量 량	他 타	寶 보	意 의	師 사	紺 감
衆 중	衆 중	衆 중	網 망	摩 마	子 자	靑 청
天 천	生 생	生 생	垂 수	尼 니	口 구	髮 발
大 대	來 래	曲 곡	覆 부	寶 보	摩 마	大 대
梵 범	詣 예	躬 궁	其 기	王 왕	尼 니	摩 마
天 천	其 기	恭 공	身 신	以 이	寶 보	尼 니
梵 범	所 소	敬 경	百 백	爲 위	以 이	網 망
輔 보	所 소	東 동	千 천	瓔 영	爲 위	莊 장
天 천	謂 위	方 방	億 억	珞 락	耳 이	嚴 엄
自 자	梵 범	有 유	那 나	一 일	璫 당	其 기

사경의 공덕은 십만억 부처님께 공양한 것과 같은 공덕이 있습니다.

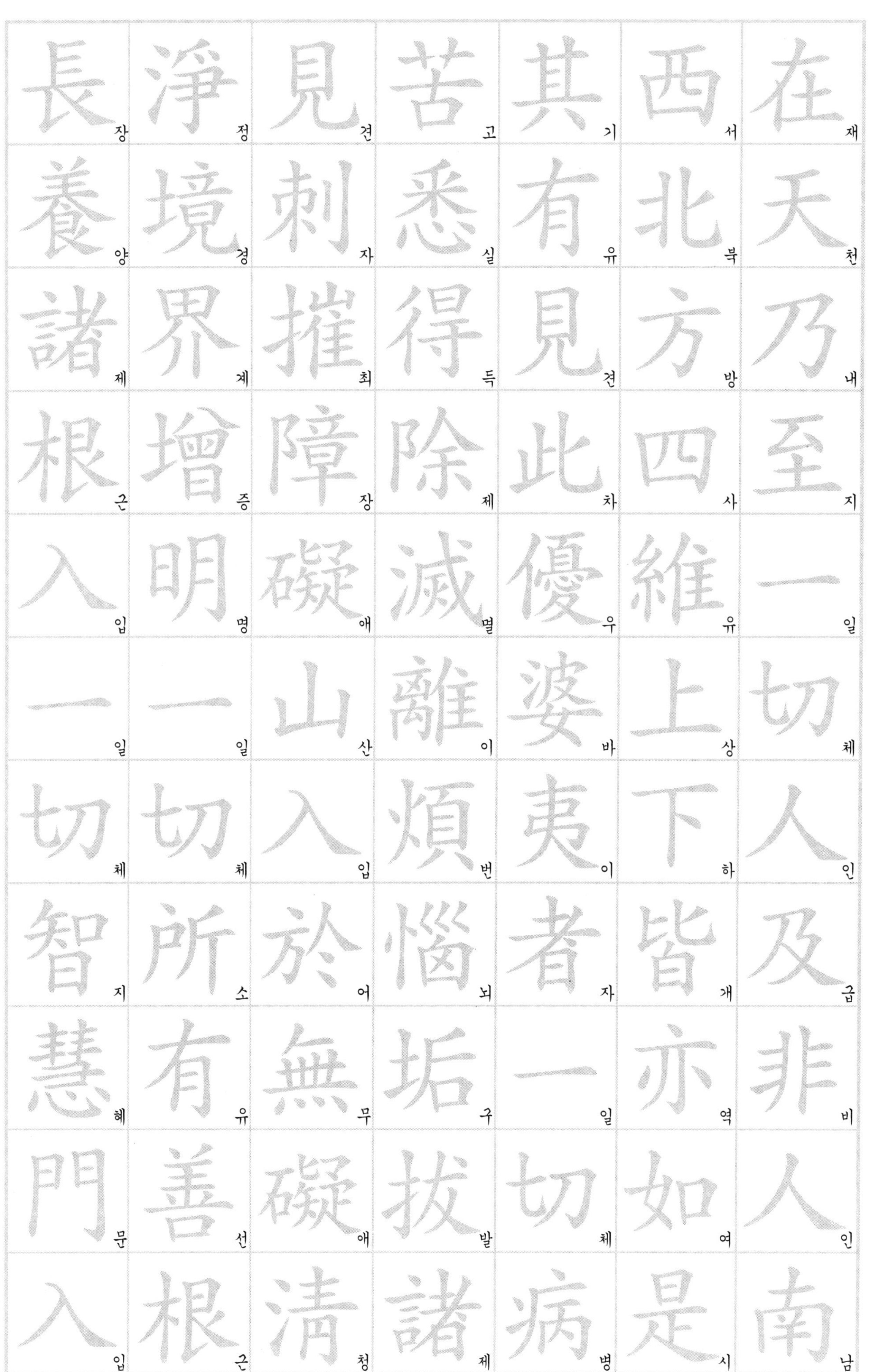
在天乃至一切人及非人南
재천내지일체인급비인남
西北方四維上下皆亦如是
서북방사유상하개역여시
其有見此優婆夷者一切病
기유견차우바이자일체병
苦悉得除滅離煩惱垢拔諸
고실득제멸이번뇌구발제
見刺摧障礙山入於無礙清
견자최장애산입어무애청
淨境界增明一切所有善根
정경계증명일체소유선근
長養諸根入一切智慧門入
장양제근입일체지혜문입

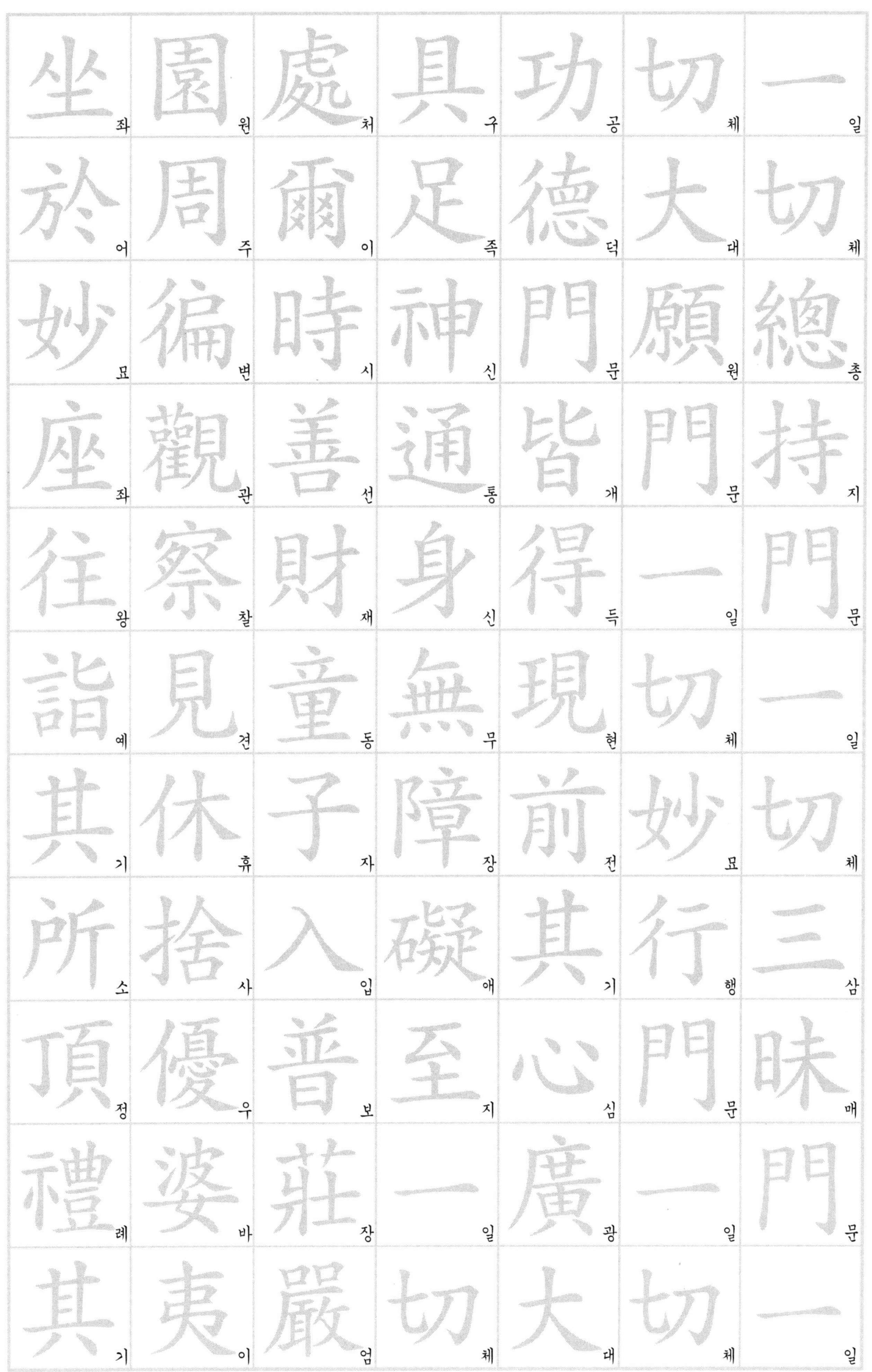

사경의 공덕은 십만억 부처님께 공양한 것과 같은 공덕이 있습니다.

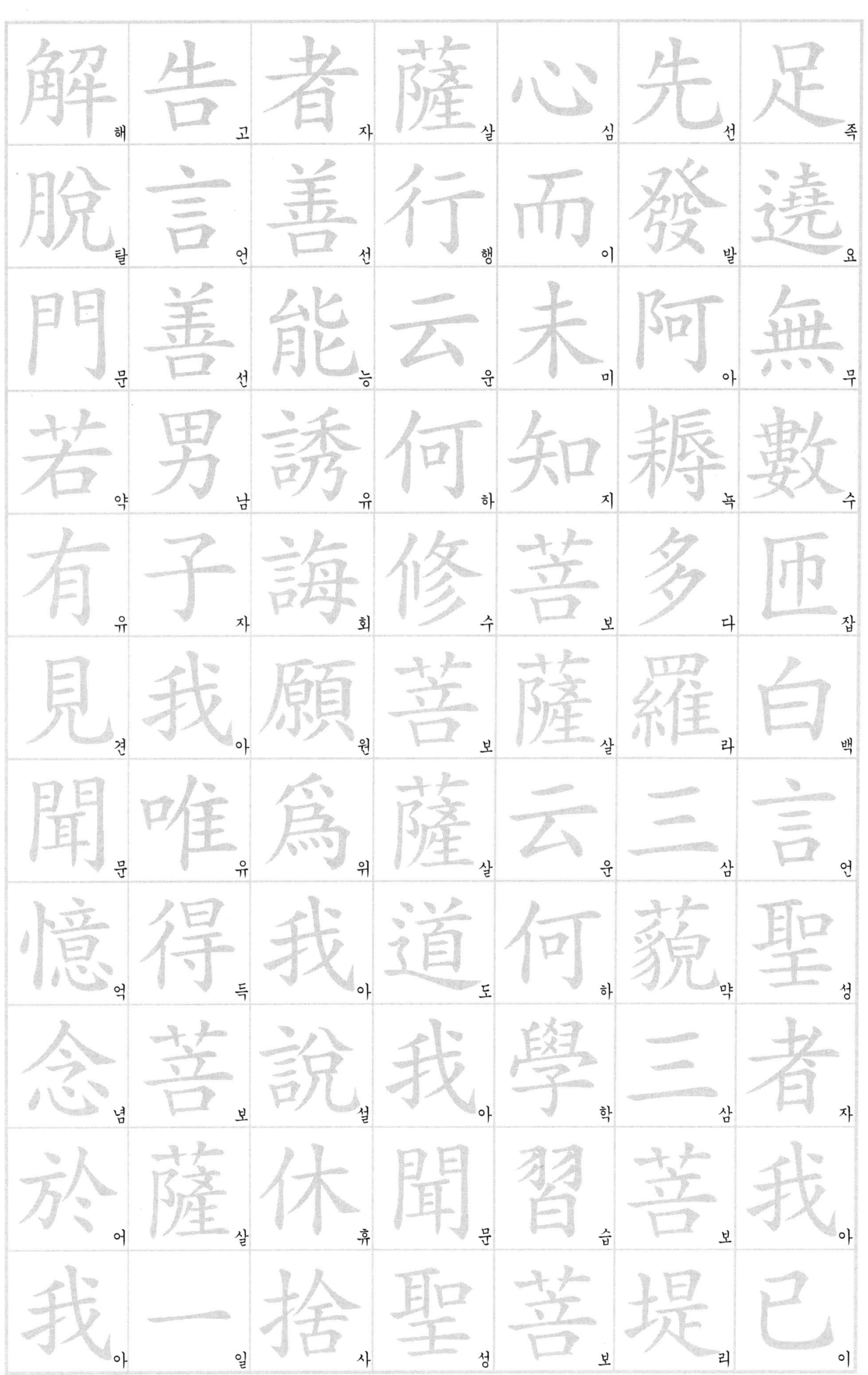

사경의 공덕은 십만억 부처님께 공양한 것과 같은 공덕이 있습니다.

與我同住供給我者悉不唐
여아동주공급아자실부당

捐
연

善男子若有衆生不種善
선남자약유중생부종선

根不爲善友之所攝受不爲
근불위선우지소섭수불위

諸佛之所護念是人終不得
제불지소호념시인종부득

見於我善男子其有衆生得
견어아선남자기유중생득

見我者皆於阿耨多羅三藐
견아자개어아뇩다라삼약

사경의 공덕은 십만억 부처님께 공양한 것과 같은 공덕이 있습니다.

三(삼)菩(보)提(리)獲(획)不(불)退(퇴)轉(전)善(선)男(남)子(자)東(동)
方(방)諸(제)佛(불)常(상)來(래)至(지)此(차)處(처)於(어)寶(보)座(좌)
爲(위)我(아)說(설)法(법)南(남)西(서)北(북)方(방)四(사)維(유)上(상)
下(하)一(일)切(체)諸(제)佛(불)悉(실)來(래)至(지)此(차)處(처)於(어)
寶(보)座(좌)爲(위)我(아)說(설)法(법)善(선)男(남)子(자)我(아)常(상)
不(불)離(리)見(견)佛(불)聞(문)法(법)與(여)諸(제)菩(보)薩(살)而(이)
共(공)同(동)住(주)善(선)男(남)子(자)我(아)此(차)大(대)衆(중)有(유)

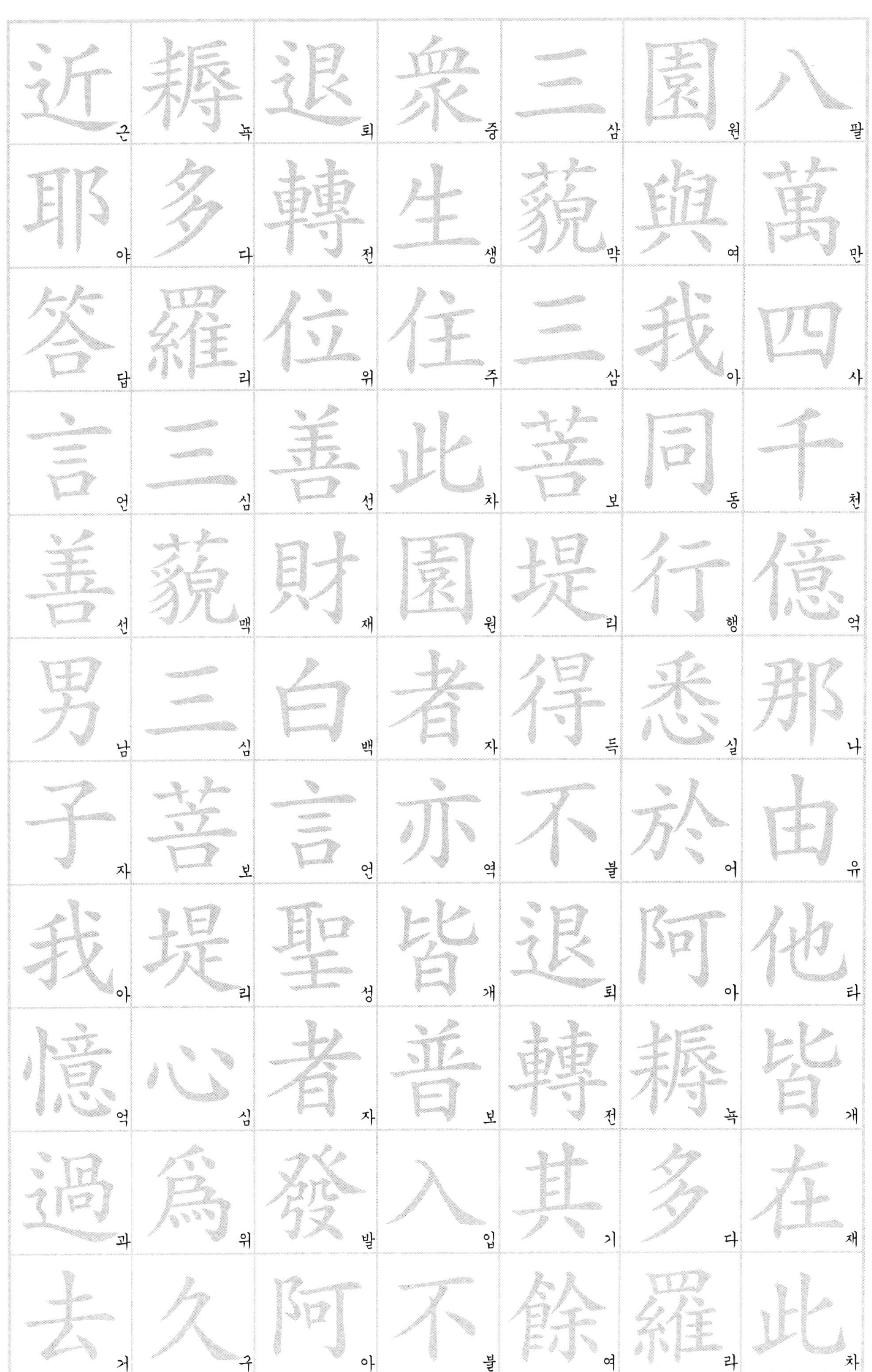
八萬四千億那由他皆在此
園與我同行悉於阿耨多羅
三藐三菩提得不退轉其餘
衆生住此園者亦皆普入不
退轉位善財白言聖者發阿
耨多羅三藐三菩提心爲久
近耶答言善男子我憶過去

於(어)然(연)燈(등)佛(불)所(소)修(수)行(행)梵(범)行(행)恭(공)敬(경)
供(공)養(양)聞(문)法(법)受(수)持(지)次(차)前(전)於(어)離(이)垢(구)
佛(불)所(소)出(출)家(가)學(학)道(도)受(수)持(지)正(정)法(법)次(차)
前(전)妙(묘)幢(당)佛(불)所(소)次(차)前(전)於(어)勝(승)須(수)彌(미)
佛(불)所(소)次(차)前(전)於(어)蓮(연)華(화)德(덕)藏(장)佛(불)所(소)
次(차)前(전)於(어)毘(비)盧(로)遮(자)那(나)佛(불)所(소)次(차)前(전)
於(어)普(보)眼(안)佛(불)所(소)次(차)前(전)於(어)梵(범)壽(수)佛(불)

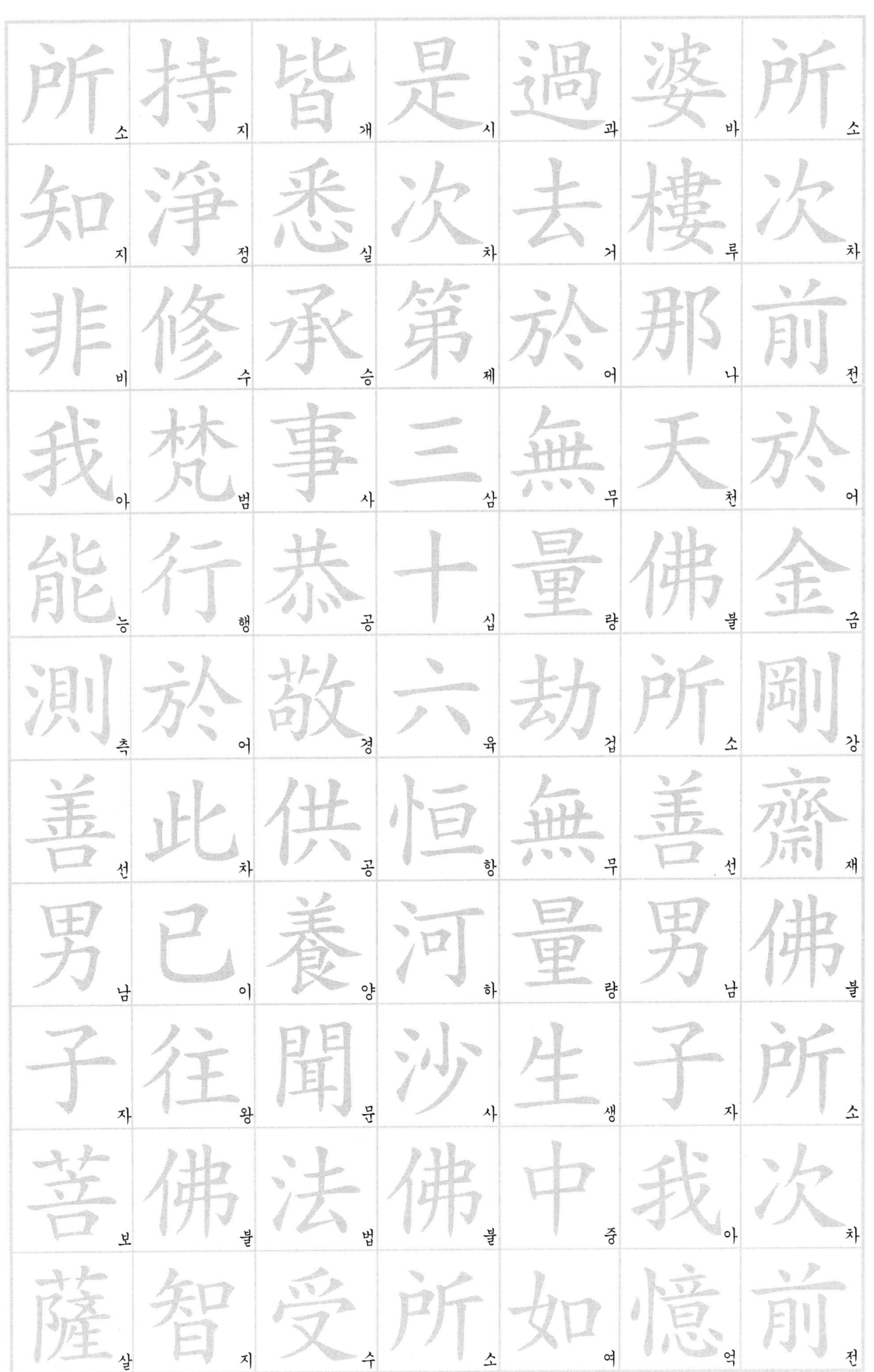
所次前於金剛齋佛所次前
婆樓那天佛所善男子我憶
過去於無量劫無量生中如
是次第三十六恒河沙佛所
皆悉承事恭敬供養聞法受
持淨修梵行於此已往佛智
所知非我能測善男子菩薩

初發心無有量充滿一切法
초발심무유량충만일체법

界故菩薩大悲門無有量普
계고보살대비문무유량보

入一切世間故菩薩大願門
입일체세간고보살대원문

無有量究竟十方法界故菩
무유량구경십방법계고보

薩大慈門無有量普覆一切
살대자문무유량보복일체

衆生故菩薩所修行無有量
중생고보살소수행무유량

於一切刹一切劫中修習故
어일체찰일체겁중수습고

有 유	一 일	故 고	光 광	量 량	道 도	菩 보
量 량	切 체	菩 보	力 력	能 능	不 불	薩 살
一 일	刹 찰	薩 살	無 무	持 지	退 퇴	三 삼
音 음	網 망	神 신	有 유	一 일	故 고	昧 매
一 일	故 고	通 통	量 량	切 체	菩 보	力 력
切 체	菩 보	力 력	普 보	世 세	薩 살	無 무
悉 실	薩 살	無 무	能 능	間 간	總 총	有 유
解 해	辯 변	有 유	證 증	故 고	持 지	量 량
故 고	才 재	量 량	入 입	菩 보	力 력	令 령
菩 보	力 력	普 보	三 삼	薩 살	無 무	菩 보
薩 살	無 무	現 현	世 세	智 지	有 유	薩 살

清淨身無有量悉徧一切佛
청정신무유량실변일체불

刹故
찰고

善財童子言聖者久如當
선재동자언성자구여당

得阿耨多羅三藐三菩提答
득아뇩다라삼먁삼보리답

言善男子菩薩不爲教化調
언선남자보살불위교화조

伏一衆生故發菩提心不爲
복일중생고발보리심불위

教化調伏百衆生故發菩提
교화조복백중생고발보리

微 미	發 발	可 가	發 발	心 심	說 설	心 심
塵 진	菩 보	說 설	菩 보	不 불	不 불	乃 내
數 수	提 리	不 불	提 리	爲 위	可 가	至 지
世 세	心 심	可 가	心 심	教 교	說 설	不 불
界 계	不 불	說 설	乃 내	化 화	轉 전	爲 위
衆 중	爲 위	轉 전	至 지	一 일	衆 중	教 교
生 생	教 교	世 세	不 불	世 세	生 생	化 화
故 고	化 화	界 계	爲 위	界 계	故 고	調 조
發 발	閻 염	衆 중	教 교	衆 중	發 발	伏 복
菩 보	浮 부	生 생	化 화	生 생	菩 보	不 불
提 리	提 제	故 고	不 불	故 고	提 리	可 가

사경의 공덕은 십만억 부처님께 공양한 것과 같은 공덕이 있습니다.

說轉如來故發菩提心不爲
供養一世界中次第興世諸
如來故發菩提心乃至不爲
供養不可說不可說轉世界
中次第興世諸如來故發菩
提心不爲供養一三千大天
世界微塵數世界中次第興

사경의 공덕은 십만억 부처님께 공양한 것과 같은 공덕이 있습니다.

世(세)諸(제)如(여)來(래)故(고)發(발)菩(보)提(리)心(심)乃(내)至(지)
不(불)爲(위)供(공)養(양)不(불)可(가)說(설)不(불)可(가)說(설)轉(전)
佛(불)刹(찰)微(미)塵(진)數(수)世(세)界(계)中(중)次(차)第(제)興(흥)
世(세)諸(제)如(여)來(래)故(고)發(발)菩(보)提(리)心(심)不(불)爲(위)
嚴(엄)淨(정)一(일)世(세)界(계)故(고)發(발)菩(보)提(리)心(심)乃(내)
至(지)不(불)爲(위)嚴(엄)淨(정)不(불)可(가)說(설)不(불)可(가)說(설)
轉(전)世(세)界(계)故(고)發(발)菩(보)提(리)心(심)不(불)爲(위)嚴(엄)

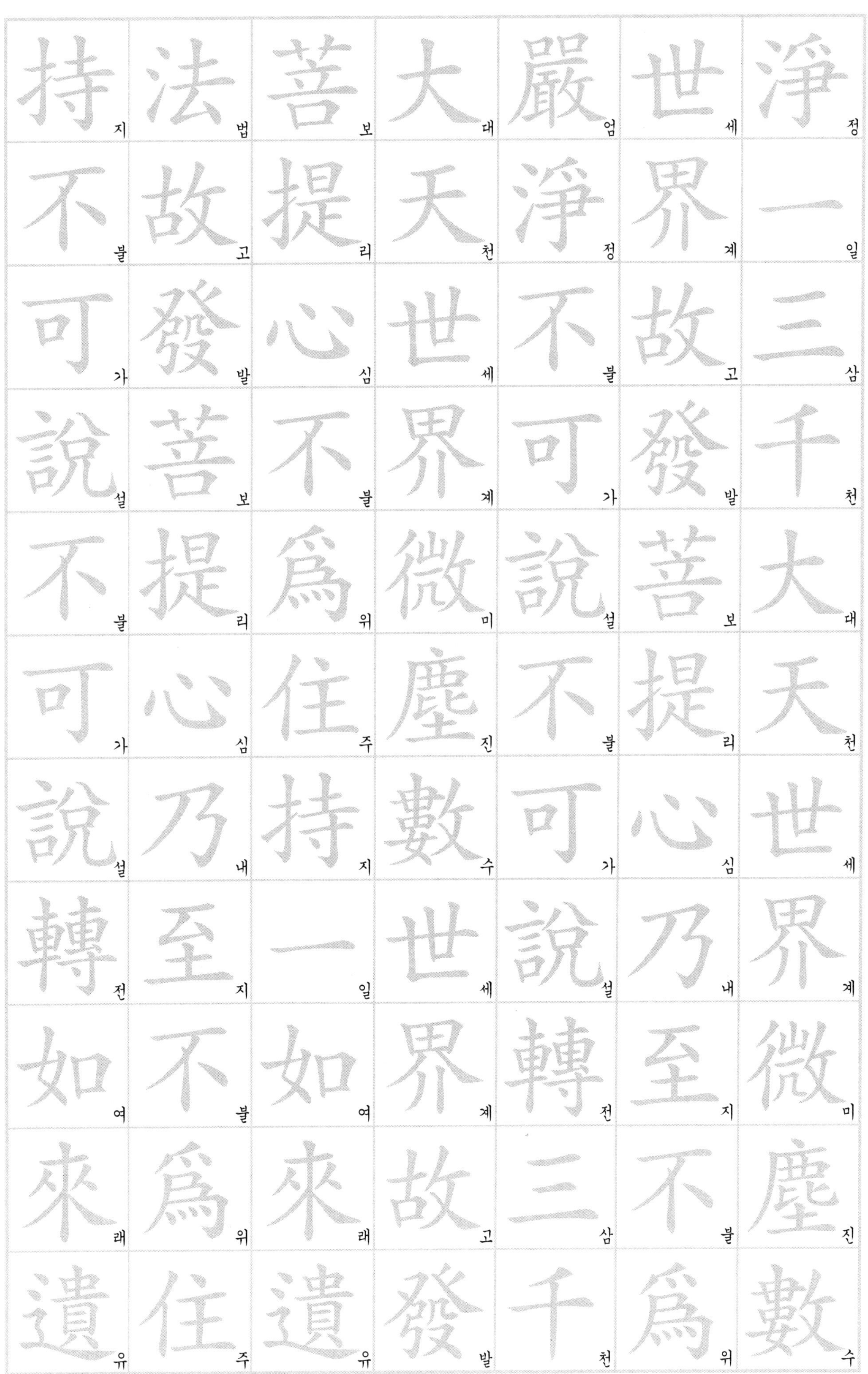

사경의 공덕은 십만억 부처님께 공양한 것과 같은 공덕이 있습니다.

法故發菩提心不爲住持一
世界如來遺法故發菩提心
乃至不爲住持不可說不可
說轉世界如來遺法故發菩
提心不爲住持一閻浮提微
塵數世界如來遺法故發菩
提心乃至不爲住持不可說

不可說轉佛刹微塵數世界
불가설전불찰미진수세계
如來遺法故發菩提心如是
여래유법고발보리심여시
略說不爲滿一佛誓願故不
약설불위만일불서원고불
爲往一佛國土故不爲入一
위왕일불국토고불위입일
佛衆會故不爲持一法眼故
불중회고불위지일법안고
不爲轉一佛法輪故不爲知
불위전일불법륜고불위지
一世界中諸劫次第故不爲
일세계중제겁차제고불위

知一衆生心海故不爲知一
지일중생심해고불위지일

衆生根海故不爲知一衆生
중생근해고불위지일중생

業海故不爲知一衆生行海
업해고불위지일중생행해

故不爲知一衆生煩惱海故
고불위지일중생번뇌해고

不爲知一衆生煩惱習海故
불위지일중생번뇌습해고

乃至不爲知不可說不可說
내지불위지불가설불가설

轉佛刹微塵數衆生煩惱習
전불찰미진수중생번뇌습

海故發菩提心欲教化調伏
해고발보리심욕교화조복

一切衆生悉無餘故發菩提
일체중생실무여고발보리

心欲承事供養一切諸佛悉
심욕승사공양일체제불실

無餘故發菩提心欲嚴淨一
무여고발보리심욕엄정일

切諸佛國土悉無餘故發菩
체제불국토실무여고발보

提心欲護持一切諸佛正教
리심욕호지일체제불정교

悉無餘故發菩提心欲成滿
실무여고발보리심욕성만

知 지	次 차	提 리	切 체	悉 실	菩 보	一 일
一 일	第 제	心 심	諸 제	無 무	提 리	切 체
切 체	悉 실	欲 욕	佛 불	餘 여	心 심	如 여
衆 중	無 무	知 지	衆 중	故 고	欲 욕	來 래
生 생	餘 여	一 일	會 회	發 발	往 왕	誓 서
心 심	故 고	切 체	悉 실	菩 보	一 일	願 원
海 해	發 발	世 세	無 무	提 리	切 체	悉 실
悉 실	菩 보	界 계	餘 여	心 심	諸 제	無 무
無 무	提 리	中 중	故 고	欲 욕	佛 불	餘 여
餘 여	心 심	諸 제	發 발	入 입	國 국	故 고
故 고	欲 욕	劫 겁	菩 보	一 일	土 토	發 발

發 발	切 체	悉 실	菩 보	一 일	海 해	發 발
菩 보	衆 중	無 무	提 리	切 체	悉 실	菩 보
提 리	生 생	餘 여	心 심	衆 중	無 무	提 리
心 심	諸 제	故 고	欲 욕	生 생	餘 여	心 심
欲 욕	煩 번	發 발	知 지	業 업	故 고	欲 욕
拔 발	惱 뇌	菩 보	一 일	海 해	發 발	知 지
一 일	海 해	提 리	切 체	悉 실	菩 보	一 일
切 체	悉 실	心 심	衆 중	無 무	提 리	切 체
衆 중	無 무	欲 욕	生 생	餘 여	心 심	衆 중
生 생	餘 여	滅 멸	行 행	故 고	欲 욕	生 생
煩 번	故 고	一 일	海 해	發 발	知 지	根 근

惱習海悉無餘故發菩提心
뇌습해실무여고발보리심

善男子取要言之菩薩以如
선남자취요언지보살이여

是等百萬阿僧祇方便行故
시등백만아승기방편행고

發菩提心
발보리심

善男子菩薩行普入一切
선남자보살행보입일체

法皆證得故普入一切刹悉
법개증득고보입일체찰실

嚴淨故是故善男子嚴淨一
엄정고시고선남자엄정일

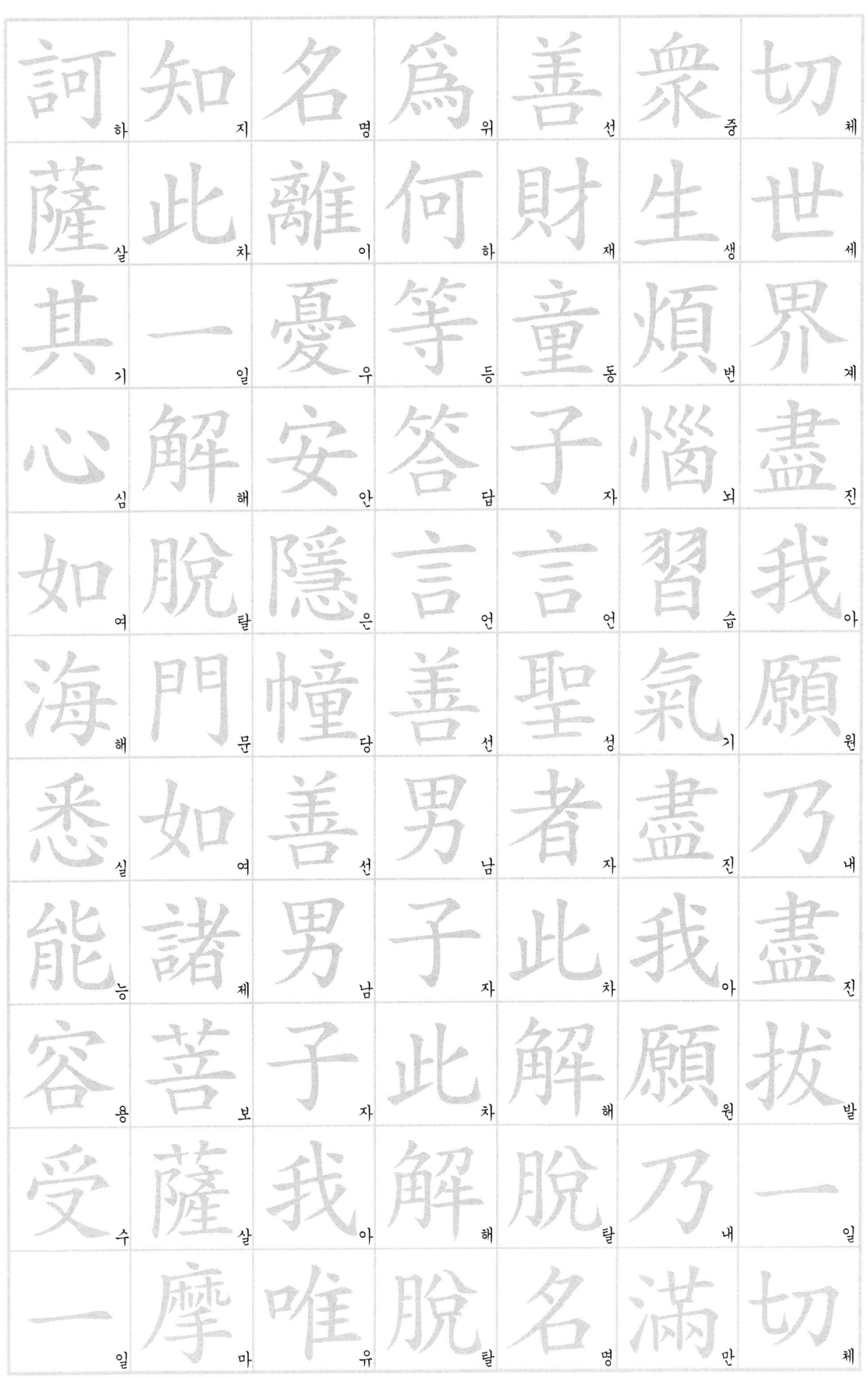

사경의 공덕은 십만억 부처님께 공양한 것과 같은 공덕이 있습니다.

切체 佛불 法법 如여 須수 彌미 山산 志지 意의 堅견 固고

不불 可가 動동 搖요 如여 善선 見견 藥약 能능 除제 衆중

生생 煩번 惱뇌 重중 病병 如여 明명 淨정 日일 能능 破파

衆중 生생 無무 明명 暗암 障장 猶유 如여 大대 地지 能능

作작 一일 切체 衆중 生생 依의 處처 猶유 如여 好호 風풍

能능 作작 一일 切체 衆중 生생 義의 利리 猶유 如여 明명

燈등 能능 爲위 衆중 生생 生생 智지 慧혜 光광 猶유 如여

사경의 공덕은 십만억 부처님께 공양한 것과 같은 공덕이 있습니다.

大雲能爲衆生雨寂滅法猶
대운능위중생우적멸법유

如淨月能爲衆生放福德光
여정월능위중생방복덕광

猶如帝釋悉能守護一切衆
유여제석실능수호일체중

生而我云何能知能說彼功
생이아운하능지능설피공

德行善男子於此南方海潮
덕행선남자어차남방해조

之處有一國土名那羅素中
지처유일국토명나라소중

有仙人名毘目瞿沙汝謂彼
유선인명비목구사여위피

사경의 공덕은 십만억 부처님께 공양한 것과 같은 공덕이 있습니다.

行 행	諸 제	知 지	淚 루	遶 요	薩 살	問 문
善 선	根 근	識 식	作 작	無 무	道 도	菩 보
知 지	難 난	難 난	是 시	數 수	時 시	薩 살
識 식	淨 정	遇 우	思 사	匝 잡	善 선	云 운
難 난	菩 보	善 선	惟 유	殷 은	財 재	何 하
如 여	薩 살	知 지	得 득	勤 근	童 동	學 학
理 리	諸 제	識 식	菩 보	瞻 첨	子 자	菩 보
觀 관	根 근	難 난	提 리	仰 앙	頂 정	薩 살
察 찰	難 난	得 득	難 난	悲 비	禮 례	行 행
難 난	值 치	菩 보	近 근	泣 읍	其 기	修 수
依 의	同 동	薩 살	善 선	流 유	足 족	菩 보

사경의 공덕은 십만억 부처님께 공양한 것과 같은 공덕이 있습니다.

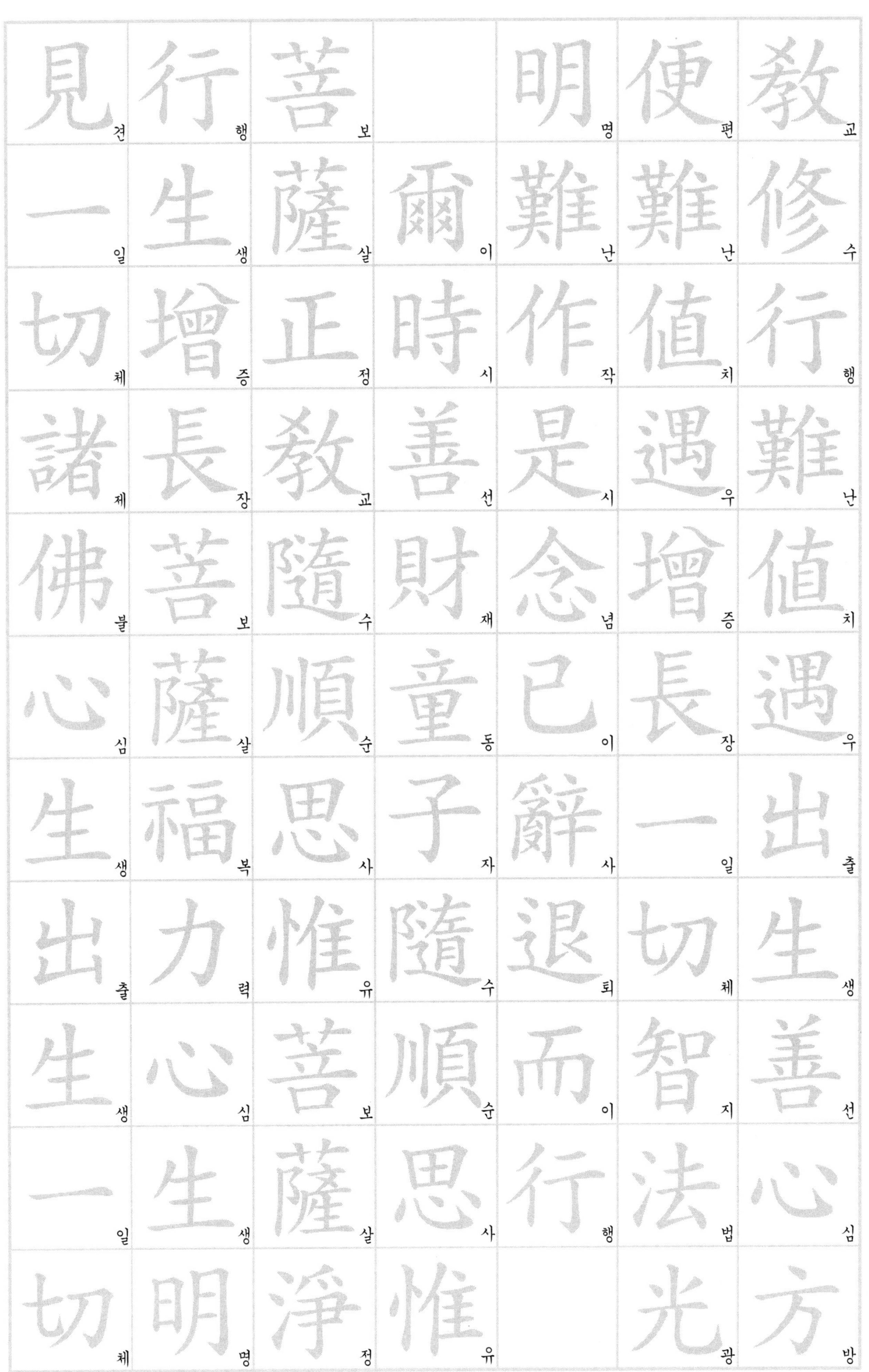

教(교)修(수)行(행)難(난)値(치)遇(우)出(출)生(생)善(선)心(심)方(방)
便(편)難(난)値(치)遇(우)增(증)長(장)一(일)切(체)智(지)法(법)光(광)
明(명)難(난)作(작)是(시)念(념)已(이)辭(사)退(퇴)而(이)行(행)

爾(이)時(시)善(선)財(재)童(동)子(자)隨(수)順(순)思(사)惟(유)
菩(보)薩(살)正(정)教(교)隨(수)順(순)思(사)惟(유)菩(보)薩(살)淨(정)
行(행)生(생)增(증)長(장)菩(보)薩(살)福(복)力(력)心(심)生(생)明(명)
見(견)一(일)切(체)諸(제)佛(불)心(심)生(생)出(출)生(생)一(일)切(체)

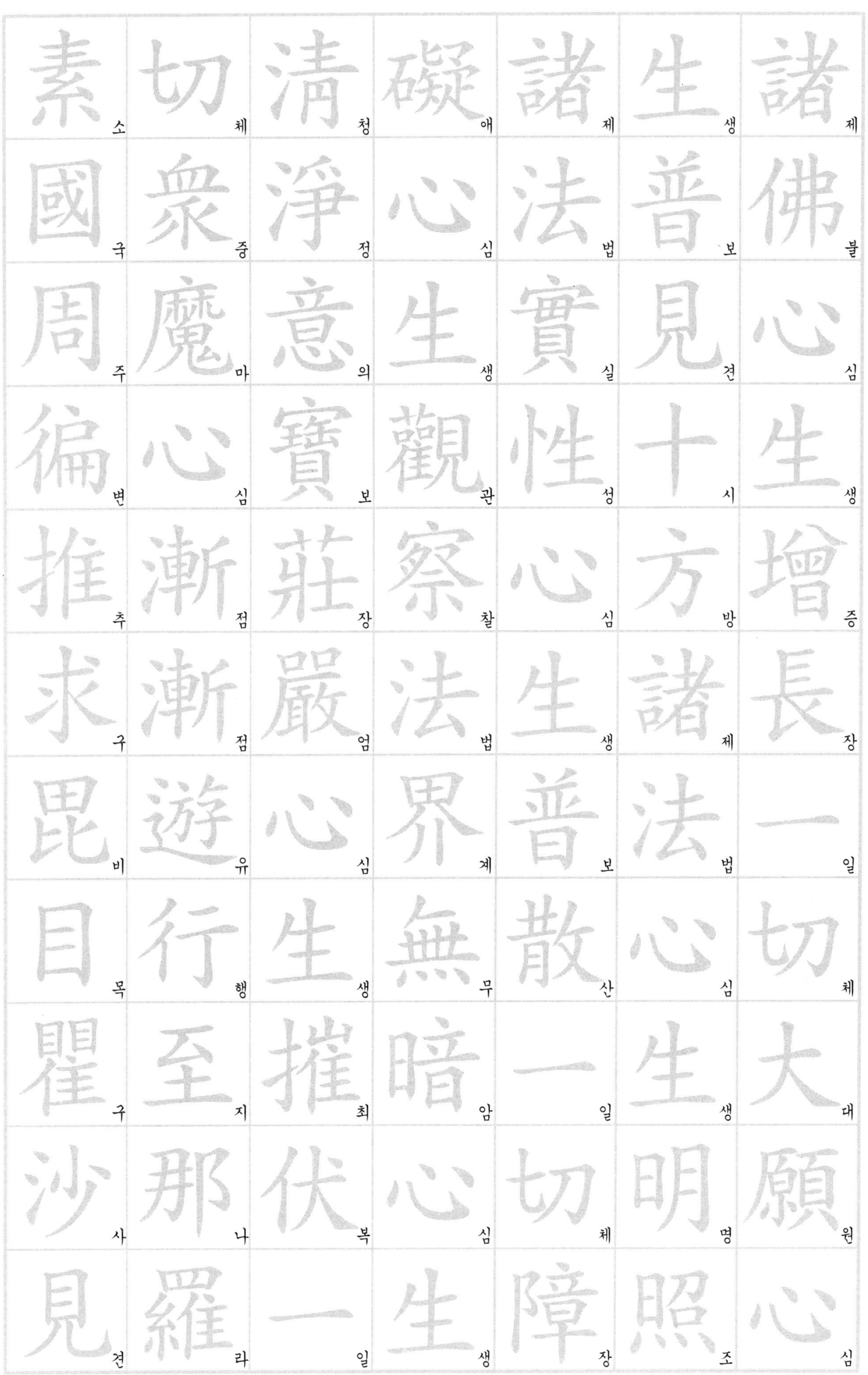

諸佛心生增長一切大願心
제불심생증장일체대원심
生普見十方諸法心生明照
생보견시방제법심생명조
諸法實性心生普散一切障
제법실성심생보산일체장
礙心生觀察法界無暗心生
애심생관찰법계무암심생
清淨意寶莊嚴心生摧伏一
청정의보장엄심생최복일
切衆魔心漸漸遊行至那羅
체중마심점점유행지나라
素國周徧推求毘目瞿沙見
소국주변추구비목구사견

香 향	水 수	果 과	相 상	種 종	所 소	一 일
莊 장	樹 수	大 대	續 속	華 화	謂 위	大 대
嚴 엄	常 상	栴 전	成 성	樹 수	種 종	林 림
波 파	出 출	檀 단	熟 숙	開 개	種 종	阿 아
吒 타	好 호	樹 수	種 종	敷 부	葉 엽	僧 승
羅 라	香 향	處 처	種 종	鮮 선	樹 수	祇 기
樹 수	悅 열	處 처	寶 보	榮 영	扶 부	樹 수
四 사	意 의	行 항	樹 수	種 종	疏 소	以 이
面 면	香 향	列 렬	雨 우	種 종	布 포	爲 위
圍 위	樹 수	諸 제	摩 마	果 과	濩 호	莊 장
遶 요	妙 묘	沈 침	尼 니	樹 수	種 종	嚴 엄

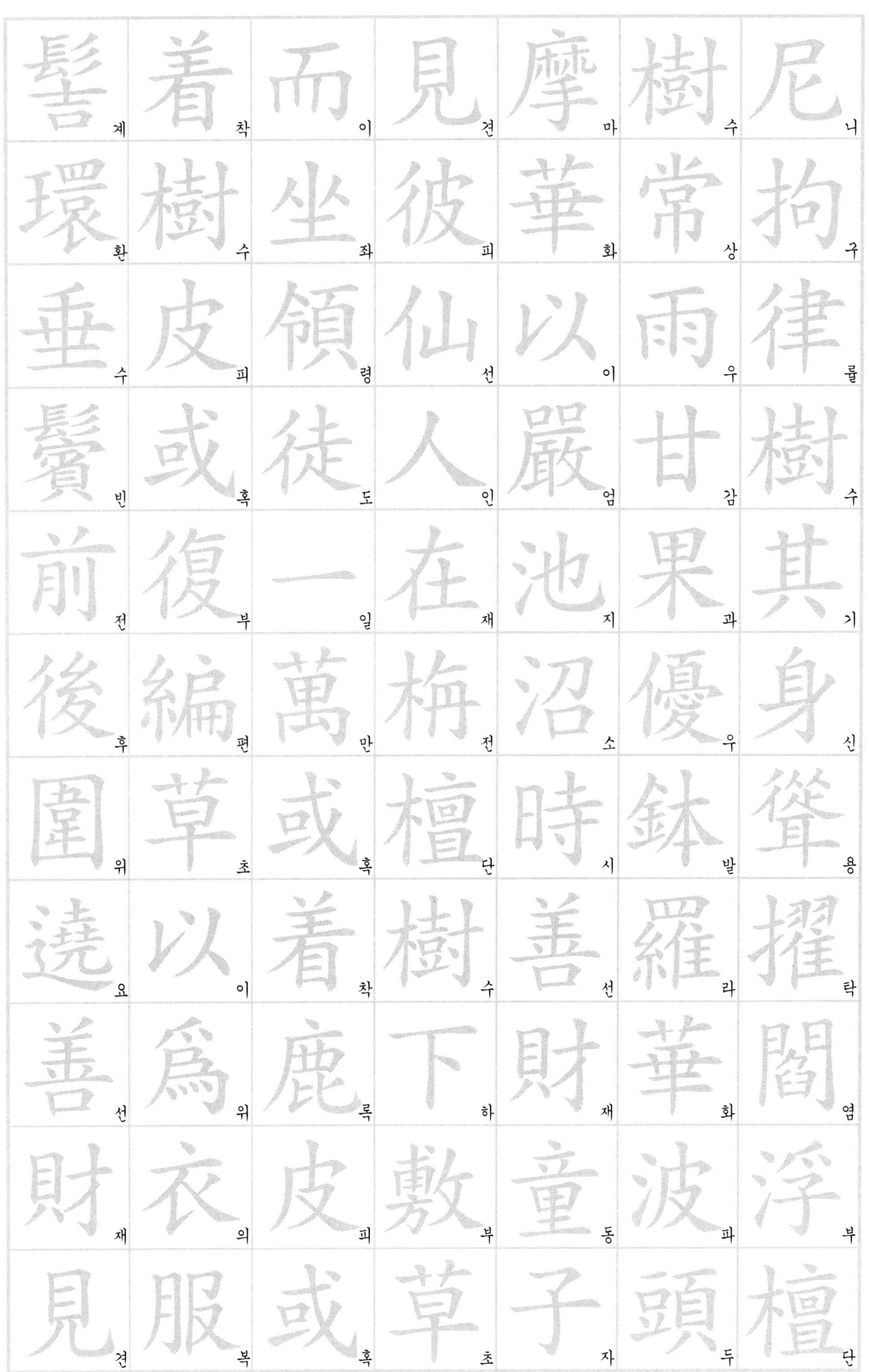

사경의 공덕은 십만억 부처님께 공양한 것과 같은 공덕이 있습니다.

已往詣其所五體投地作如
이왕예기소오체투지작여
是言我今得遇眞善知識善
시언아금득우진선지식선
知識者則是趣向一切智門
지식자즉시취향일체지문
令我得入眞實道故善知識
영아득입진실도고선지식
者則是趣向一切智乘令我
자즉시취향일체지승영아
得至如來地故善知識者則
득지여래지고선지식자즉
是趣向一切智船令我得至
시취향일체지선영아득지

智寶洲故善知識者則是趣
向一切智炬令我得生十力
光故善知識者則是趣向一
切智道令我得入涅槃城故
善知識者則是趣向一切智
燈令我得見夷險道故善知
識者則是趣向一切智橋令

故 고	一 일	性 성	趣 취	生 생	則 즉	我 아
作 작	切 체	門 문	向 향	大 대	是 시	得 득
是 시	智 지	故 고	一 일	慈 자	趣 취	度 도
語 어	潮 조	善 선	切 체	涼 량	向 향	險 험
已 이	令 영	知 지	智 지	故 고	一 일	惡 악
從 종	我 아	識 식	眼 안	善 선	切 체	處 처
地 지	滿 만	者 자	令 영	知 지	智 지	故 고
而 이	足 족	則 즉	我 아	識 식	蓋 개	善 선
起 기	大 대	是 시	得 득	者 자	令 영	知 지
遶 요	悲 비	趣 취	見 견	則 즉	我 아	識 식
無 무	水 수	向 향	法 법	是 시	得 득	者 자

사경의 공덕은 십만억 부처님께 공양한 것과 같은 공덕이 있습니다.

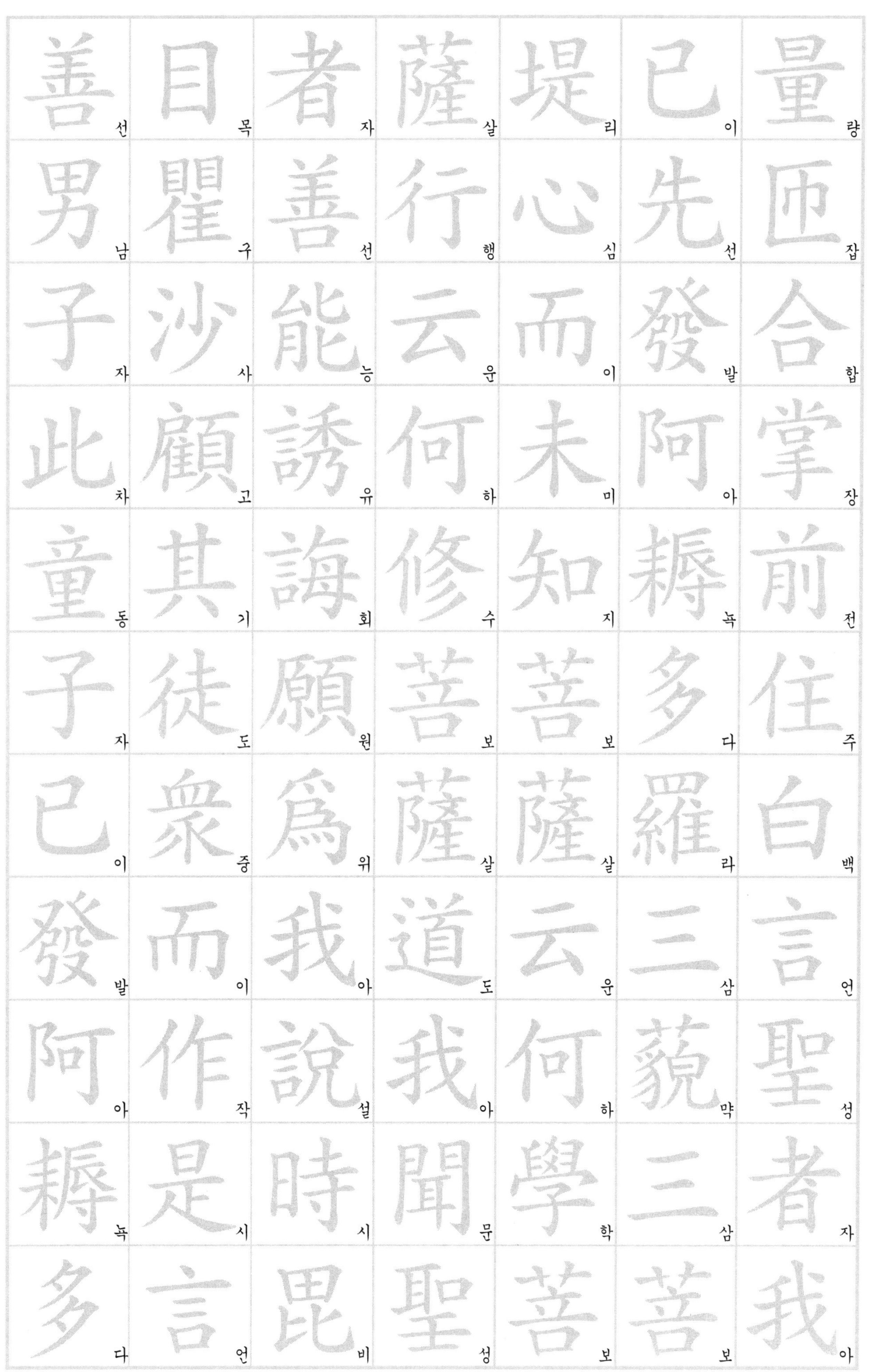

量匝合掌前住白言聖者我
량잡합장전주백언성자아

已先發阿耨多羅三藐三菩
이선발아뇩다라삼먁삼보

提心而未知菩薩云何學菩
리심이미지보살운하학보

薩行云何修菩薩道我聞聖
살행운하수보살도아문성

者善能誘誨願爲我說時毘
자선능유회원위아설시비

目瞿沙顧其徒衆而作是言
목구사고기도중이작시언

善男子此童子已發阿耨多
선남자차동자이발아뇩다

사경의 공덕은 십만억 부처님께 공양한 것과 같은 공덕이 있습니다.

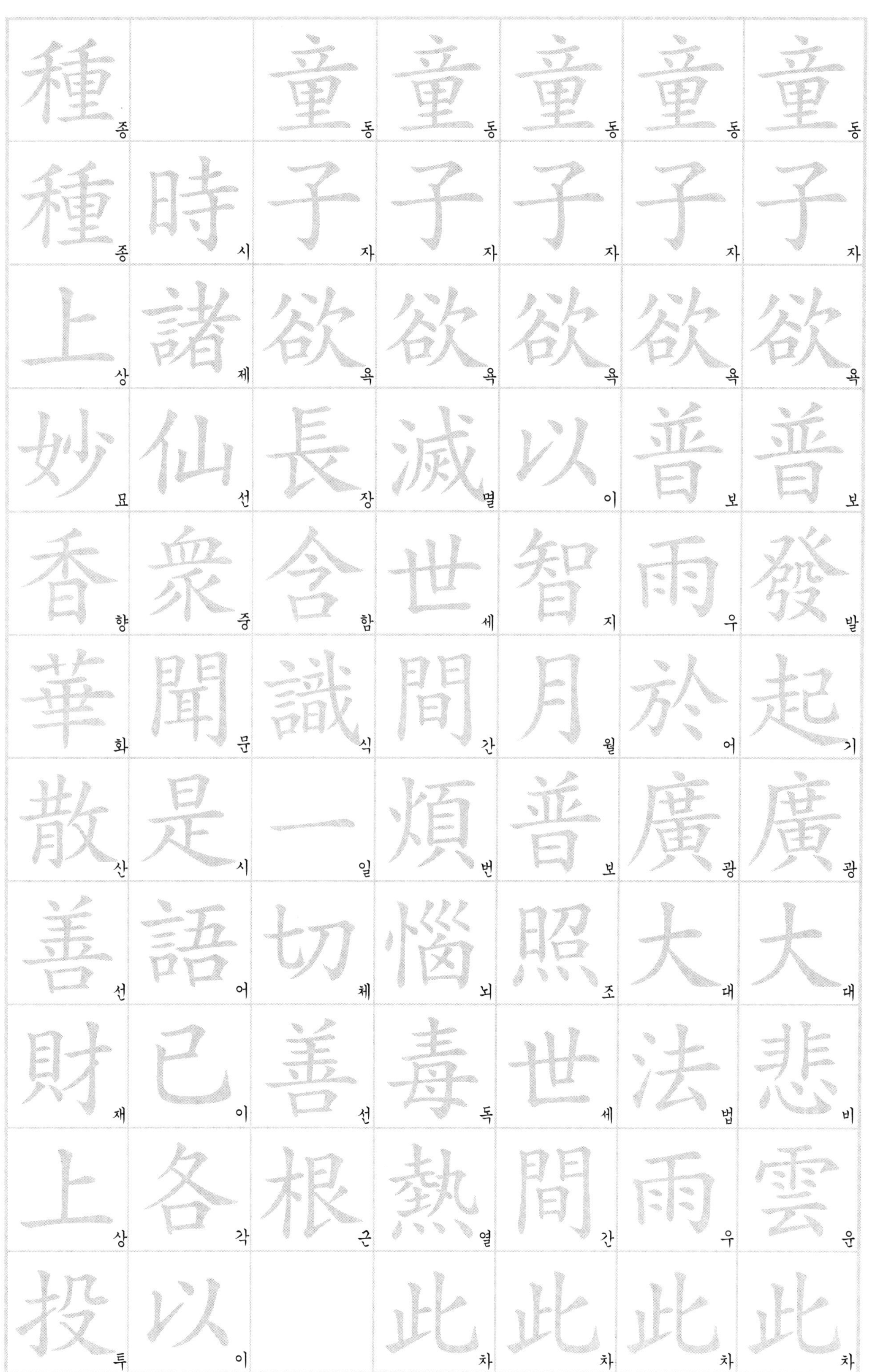
童子欲普發起廣大悲雲此
童子欲普雨於廣大法雨此
童子欲以智月普照世間此
童子欲滅世間煩惱毒熱此
童子欲長含識一切善根
時諸仙衆聞是語已各以
種種上妙香華散善財上投

生 생	必 필	羅 라	永 영	生 생	今 금	身 신
永 영	當 당	王 왕	斷 단	必 필	此 차	作 작
滅 멸	乾 건	界 계	諸 제	當 당	童 동	禮 례
苦 고	竭 갈	必 필	畜 축	除 제	子 자	圍 위
蘊 온	諸 제	當 당	生 생	滅 멸	必 필	遶 요
必 필	愛 애	關 관	道 도	諸 제	當 당	恭 공
當 당	欲 욕	閉 폐	必 필	地 지	救 구	敬 경
永 영	海 해	諸 제	當 당	獄 옥	護 호	作 작
破 파	必 필	難 난	轉 전	苦 고	一 일	如 여
無 무	令 령	處 처	去 거	必 필	切 체	是 시
明 명	衆 중	門 문	閻 염	當 당	衆 중	言 언

사경의 공덕은 십만억 부처님께 공양한 것과 같은 공덕이 있습니다.

羅三藐三菩提心必當成就
라삼먁삼보리심필당성취

一切智道此善男子已發阿
일체지도차선남자이발아

耨多羅三藐三菩提心當淨
녹다라삼먁삼보리심당정

一切佛功德地時毘目瞿沙
일체불공덕지시비목구사

告善財童子言善男子我得
고선재동자언선남자아득

菩薩無勝幢解脫善財白言
보살무승당해탈선재백언

聖者無勝幢解脫境界云何
성자무승당해탈경계운하

佛 불	諸 제	諸 제	數 수	見 견	財 재	時 시
隨 수	佛 불	佛 불	世 세	其 기	頂 정	毘 비
諸 제	相 상	所 소	界 계	身 신	執 집	目 목
衆 중	好 호	見 견	中 중	往 왕	善 선	仙 선
生 생	種 종	彼 피	到 도	十 시	財 재	人 인
心 심	種 종	佛 불	十 십	方 방	手 수	卽 즉
之 지	莊 장	刹 찰	佛 불	十 십	卽 즉	申 신
所 소	嚴 엄	及 급	刹 찰	佛 불	時 시	右 우
樂 락	亦 역	其 기	微 미	刹 찰	善 선	手 수
而 이	聞 문	衆 중	塵 진	微 미	財 재	摩 마
演 연	彼 피	會 회	數 수	塵 진	自 자	善 선

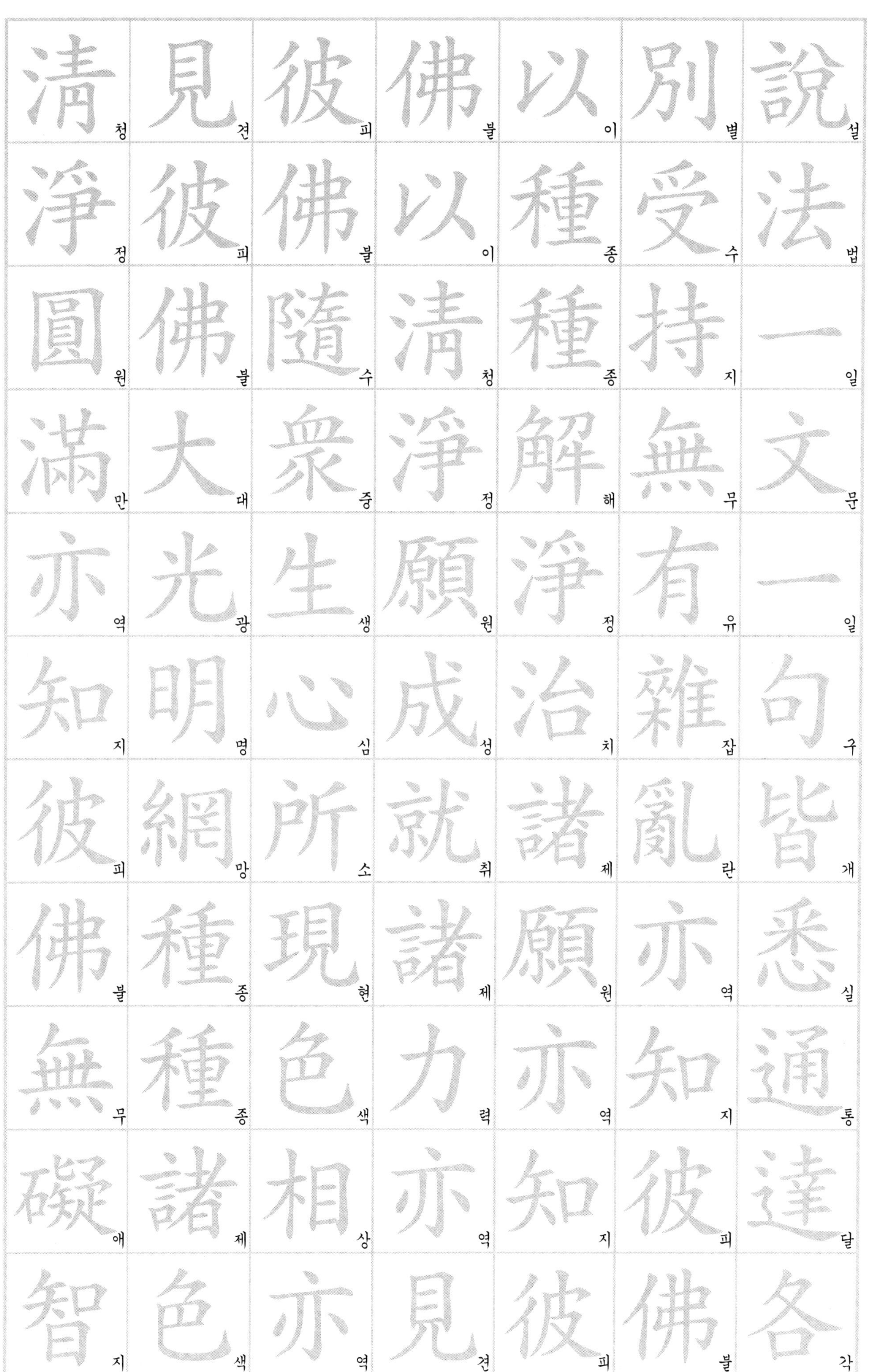

說法一文一句皆悉通達各
설법일문일구개실통달각
別受持無有雜亂亦知彼佛
별수지무유잡란역지피불
以種種解淨治諸願亦知彼
이종종해정치제원역지피
佛以清淨願成就諸力亦見
불이청정원성취제력역견
彼佛隨衆生心所現色相亦
피불수중생심소현색상역
見彼佛大光明網種種諸色
견피불대광명망종종제색
清淨圓滿亦知彼佛無礙智
청정원만역지피불무애지

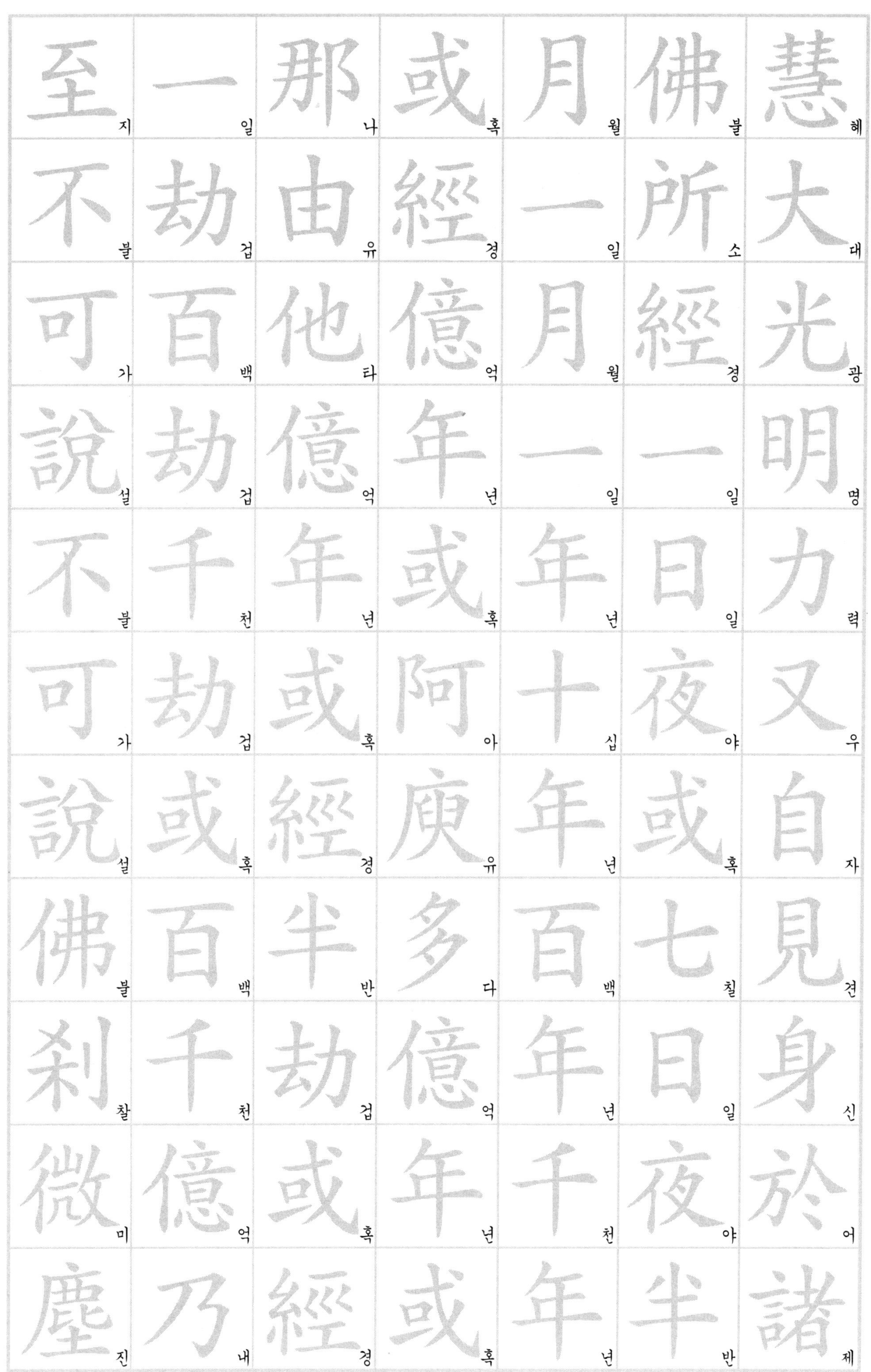

사경의 공덕은 십만억 부처님께 공양한 것과 같은 공덕이 있습니다.

數劫
수겁

爾時善財童子爲菩薩無
이시선재동자위보살무

勝幢解脫智光明照故得毘
승당해탈지광명조고득비

盧遮那藏三昧光明爲無盡
로자나장삼매광명위무진

智解脫三昧光明照故得普
지해탈삼매광명조고득보

攝諸方陀羅尼光明爲金剛
섭제방다라니광명위금강

輪陀羅尼門光明照故得極
륜다라니문광명조고득극

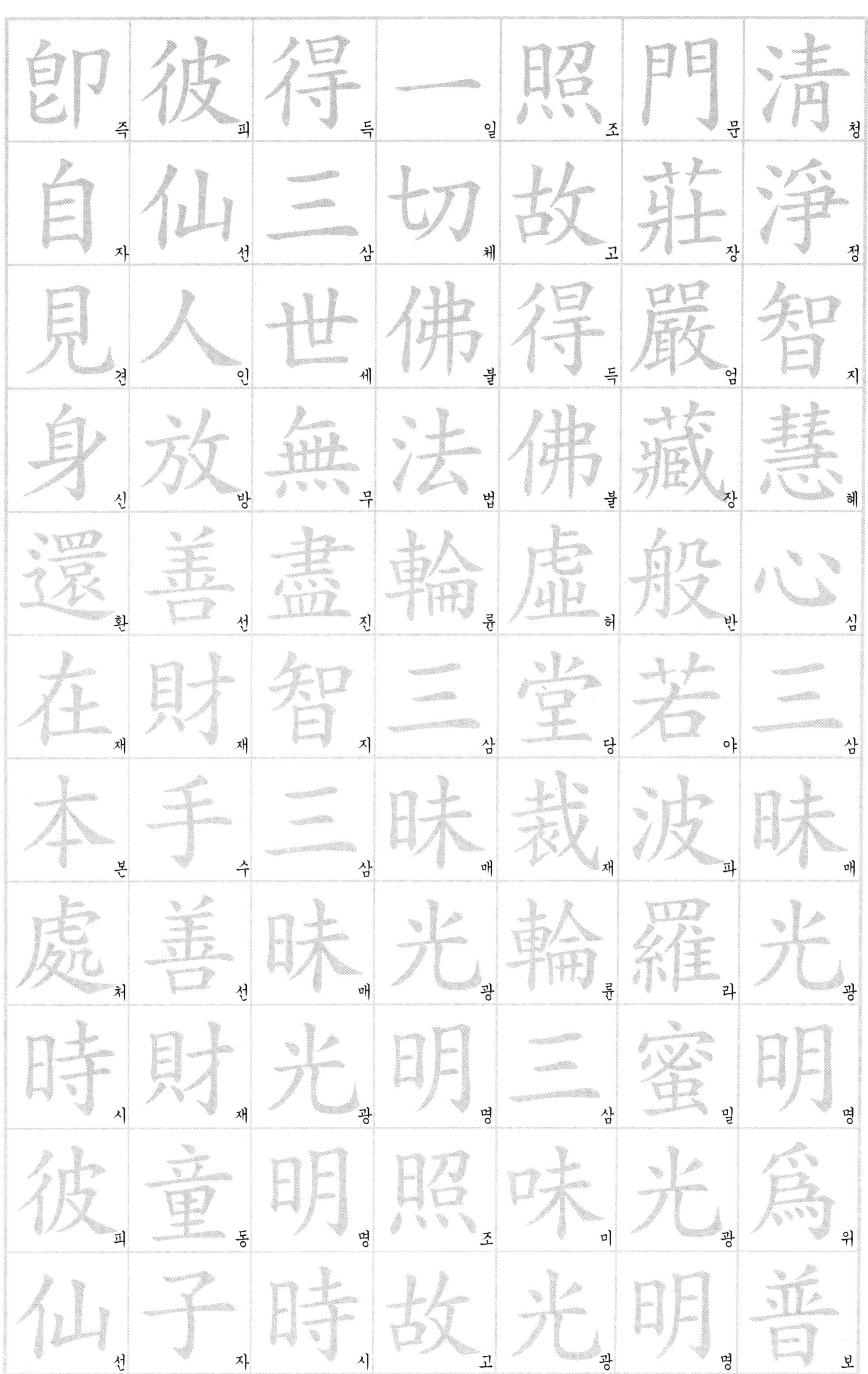

清淨智慧心三昧光明爲普
門莊嚴藏般若波羅蜜光明
照故得佛虛堂裁輪三味光
一切佛法輪三昧光明照故
得三世無盡智三昧光明時
彼仙人放善財手善財童子
卽自見身還在本處時彼仙

사경의 공덕은 십만억 부처님께 공양한 것과 같은 공덕이 있습니다.

人告善財言善男子汝憶念
耶善財言唯此是聖者我善知
識力仙人言善男子我唯知
此菩薩無勝幢解脫如諸菩
薩摩訶薩成就一切殊勝三
昧於一切時而得自在於一
念頃出生諸佛無量智慧以

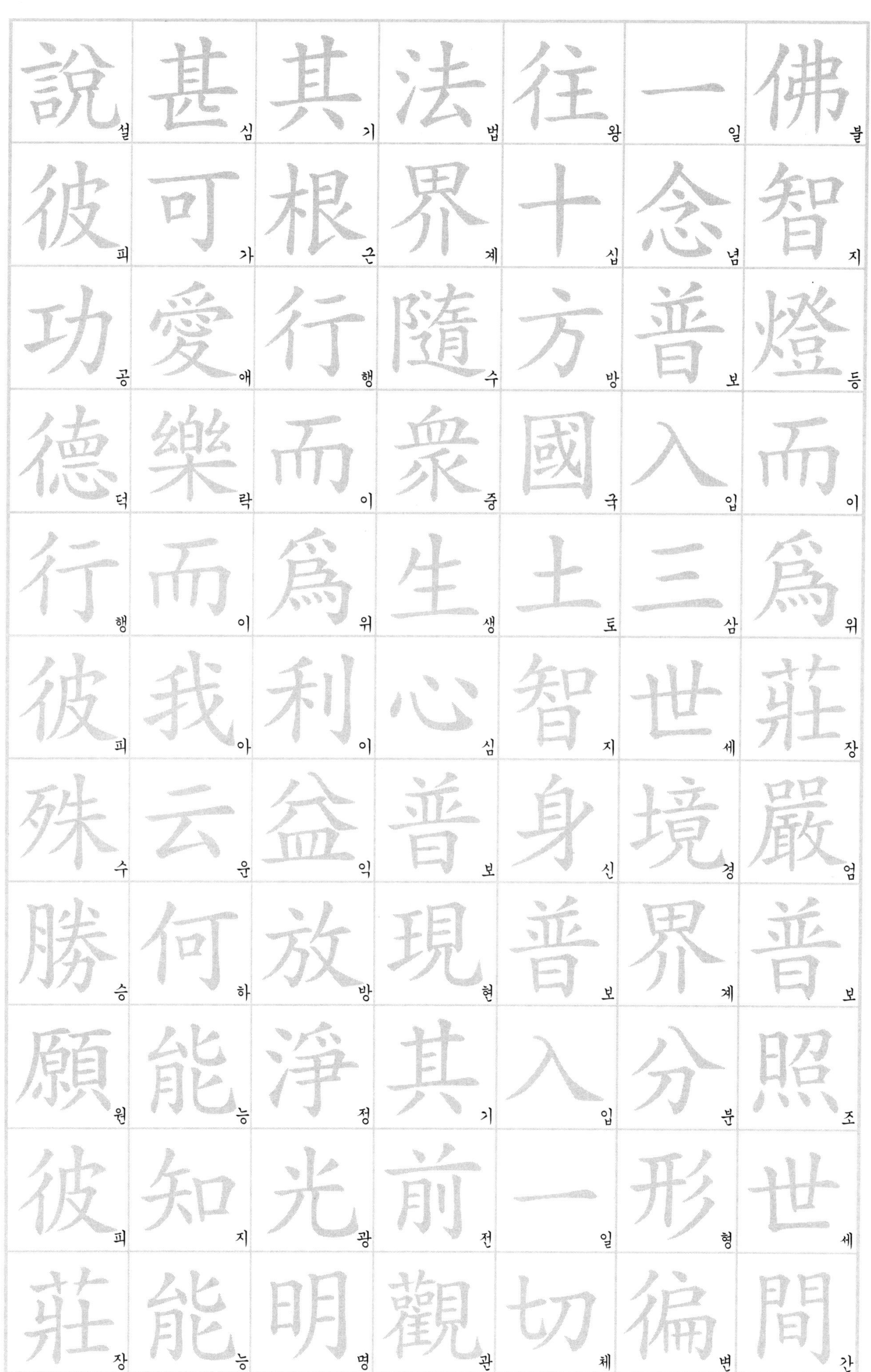

사경의 공덕은 십만억 부처님께 공양한 것과 같은 공덕이 있습니다.

何 하	名 명	一 일	慧 혜	身 신	彼 피	嚴 엄
學 학	曰 왈	聚 취	光 광	相 상	神 신	剎 찰
菩 보	勝 승	落 락	明 명	差 차	通 통	彼 피
薩 살	熱 열	名 명	善 선	別 별	變 변	智 지
行 행	汝 여	伊 이	男 남	彼 피	化 화	境 경
修 수	詣 예	沙 사	子 자	音 음	彼 피	界 계
菩 보	彼 피	那 나	於 어	聲 성	解 해	彼 피
薩 살	問 문	有 유	此 차	清 청	脫 탈	三 삼
道 도	菩 보	婆 바	南 남	淨 정	遊 유	昧 매
時 시	薩 살	羅 라	方 방	彼 피	戲 희	所 소
善 선	云 운	門 문	有 유	智 지	彼 피	行 행

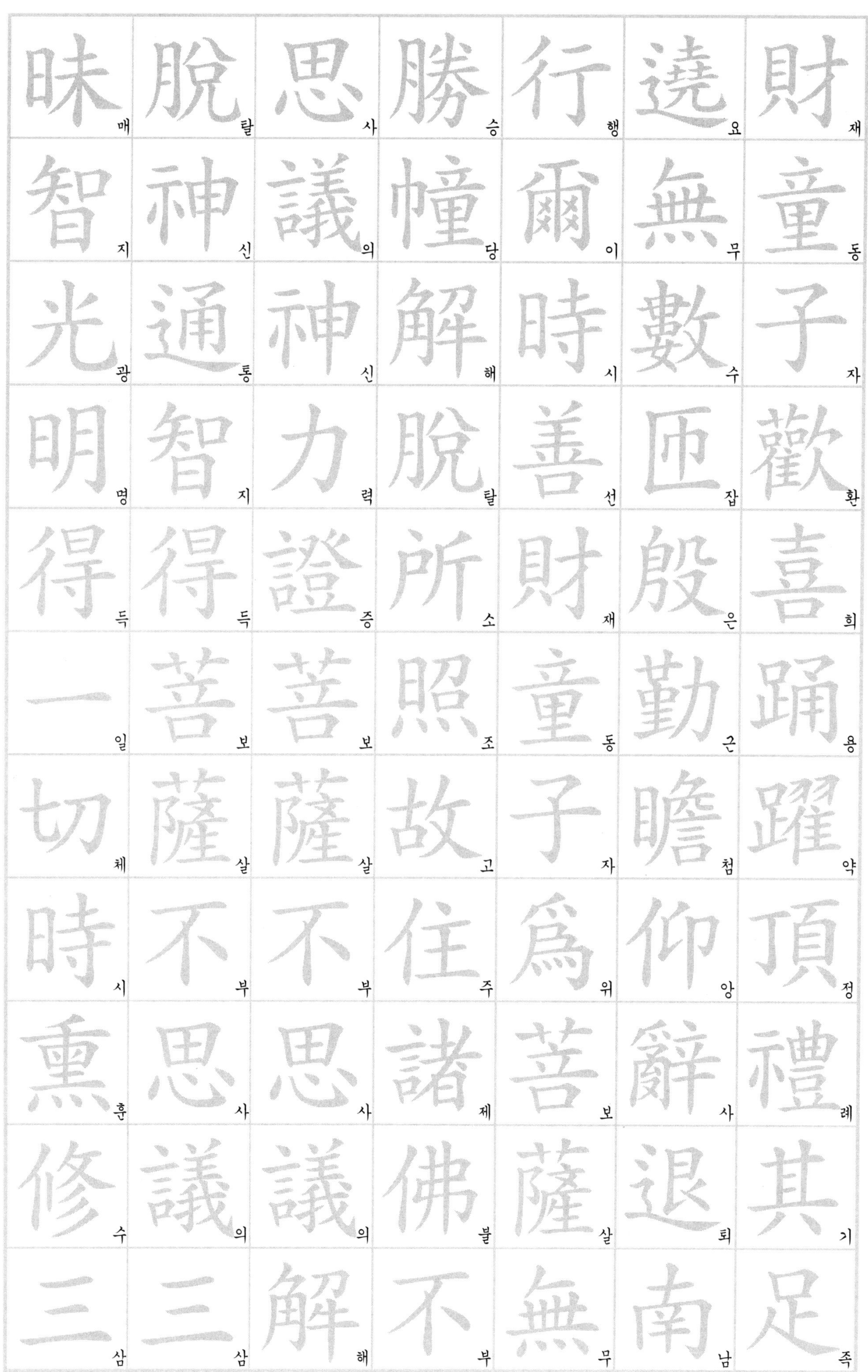
財童子歡喜踊躍頂禮其足
遶無數匝殷勤瞻仰辭退南
行爾時善財童子爲菩薩無
勝幢解脫所照故住諸佛不
思議神力證菩薩不思議解
脫神通智得菩薩不思議三
昧智光明得一切時熏修三

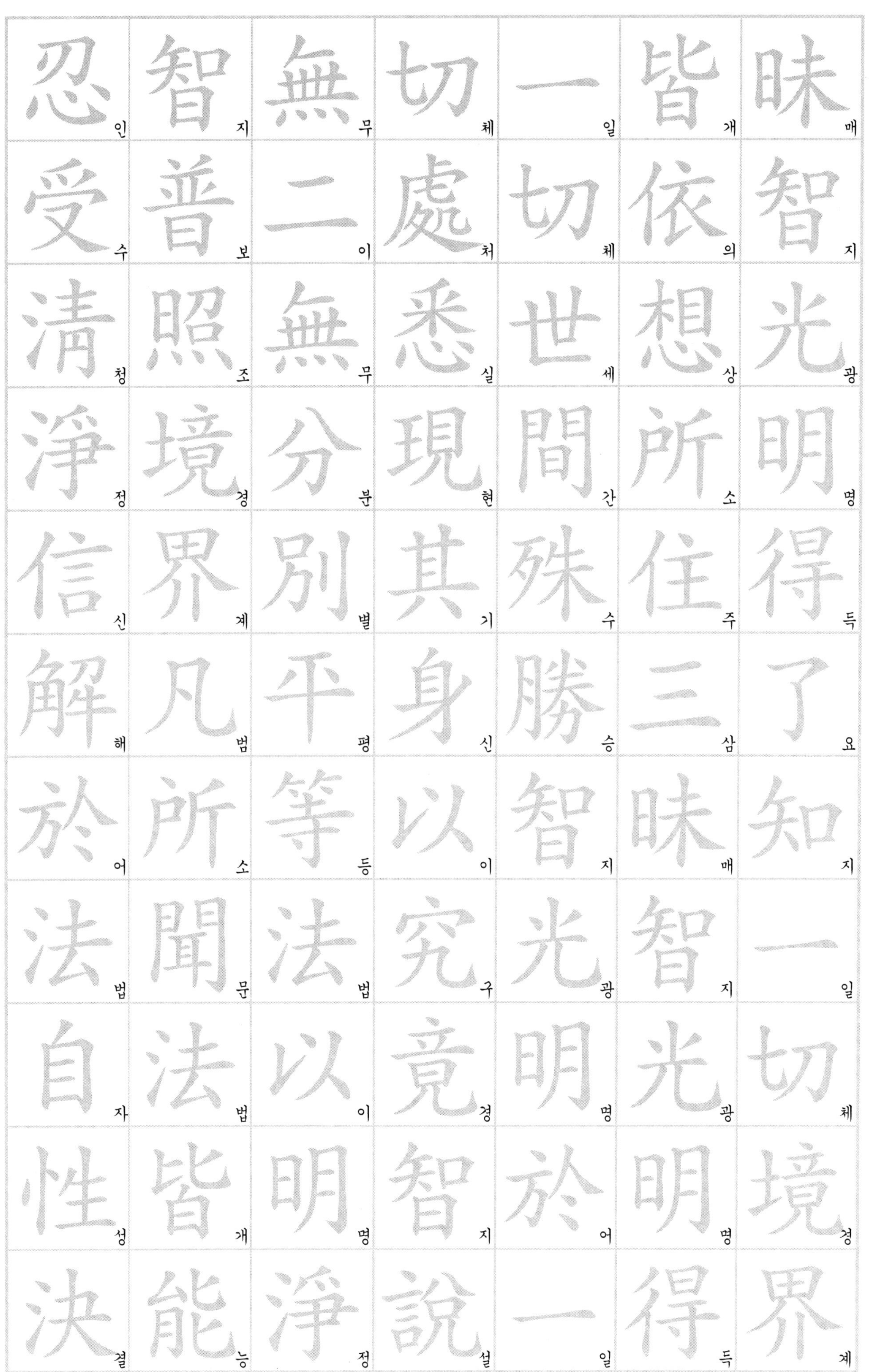

昧智光明得了知一切境界
皆依想所住三昧智光明得
一切世間殊勝智光明於一
切處悉現其身以究竟智說
無二無分別平等以法明淨
智普照境界凡所聞法皆能
忍受清淨信解於法自性決

사경의 공덕은 십만억 부처님께 공양한 것과 같은 공덕이 있습니다.

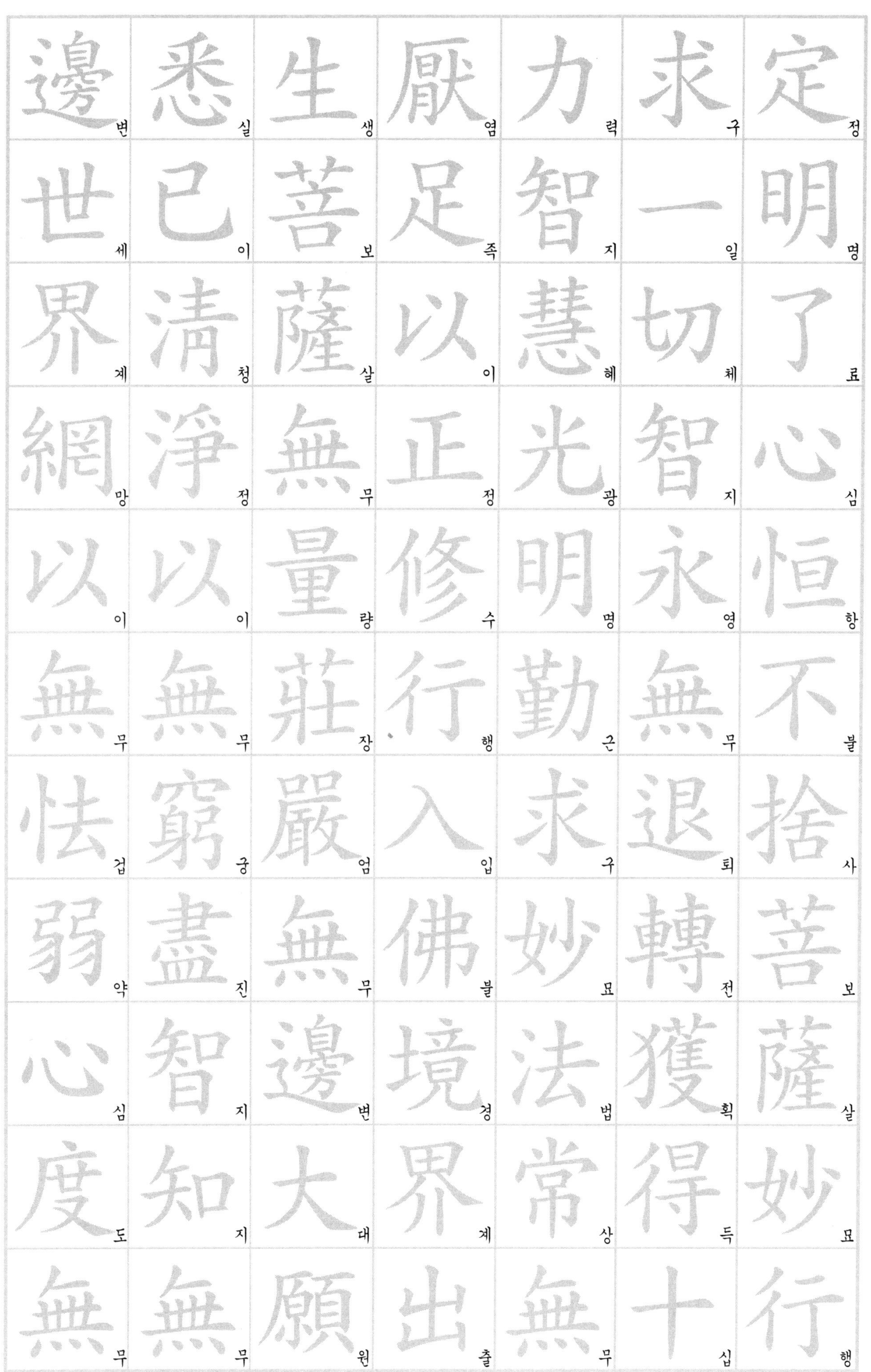
定明了心恒不捨菩薩妙行
求一切智永無退轉獲得十
力智慧光明勤求妙法常無
厭足以正修行入佛境界出
生菩薩無量莊嚴無邊大願
悉已清淨以無窮盡智知無
邊世界網以無怯弱心度無

사경의 공덕은 십만억 부처님께 공양한 것과 같은 공덕이 있습니다.

量衆生海了無邊菩薩諸行
境界見無邊世界種種差別
見無邊世界種種莊嚴入無
邊世界微細境界知無邊世
界種種名號知無邊世界種
種言說知無邊衆生種種解
見無邊衆生種種行見無邊

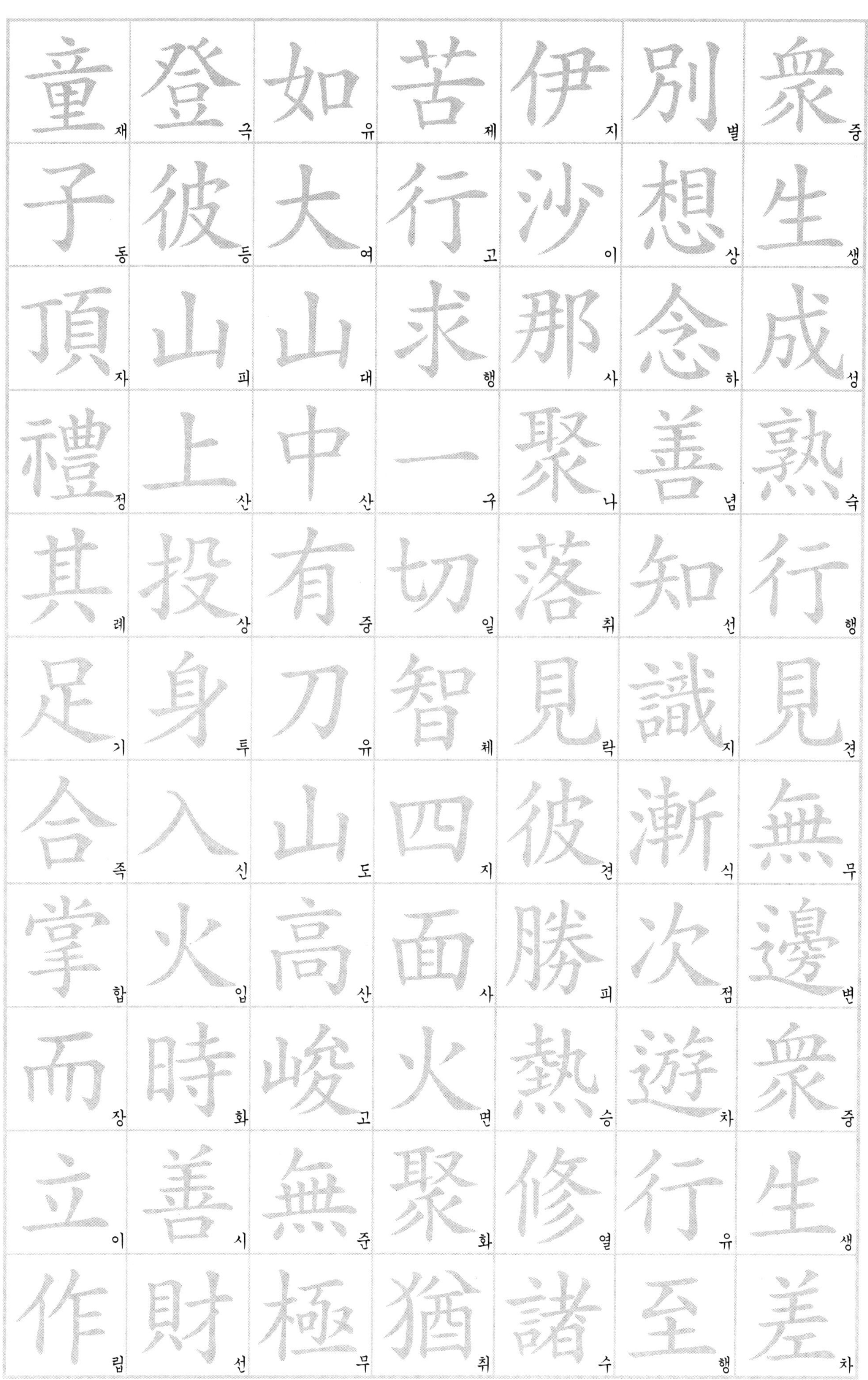
衆生成熟行見無邊衆生差
중 생 성 숙 행 견 무 변 중 생 차
別想念善知識漸次遊行至
별 상 하 념 선 지 식 점 차 유 행
伊沙那聚落見彼勝熱修諸
지 이 사 나 취 락 견 피 승 열 수
苦行求一切智四面火聚猶
제 고 행 구 일 체 지 사 면 화 취
如大山中有刀山高峻無極
유 여 대 산 중 유 도 산 고 준 무
登彼山上投身火入時善財
극 등 피 산 상 투 신 입 화 시 선
童子頂禮其足合掌而立作
재 동 자 정 례 기 족 합 장 이 립

사경의 공덕은 십만억 부처님께 공양한 것과 같은 공덕이 있습니다.

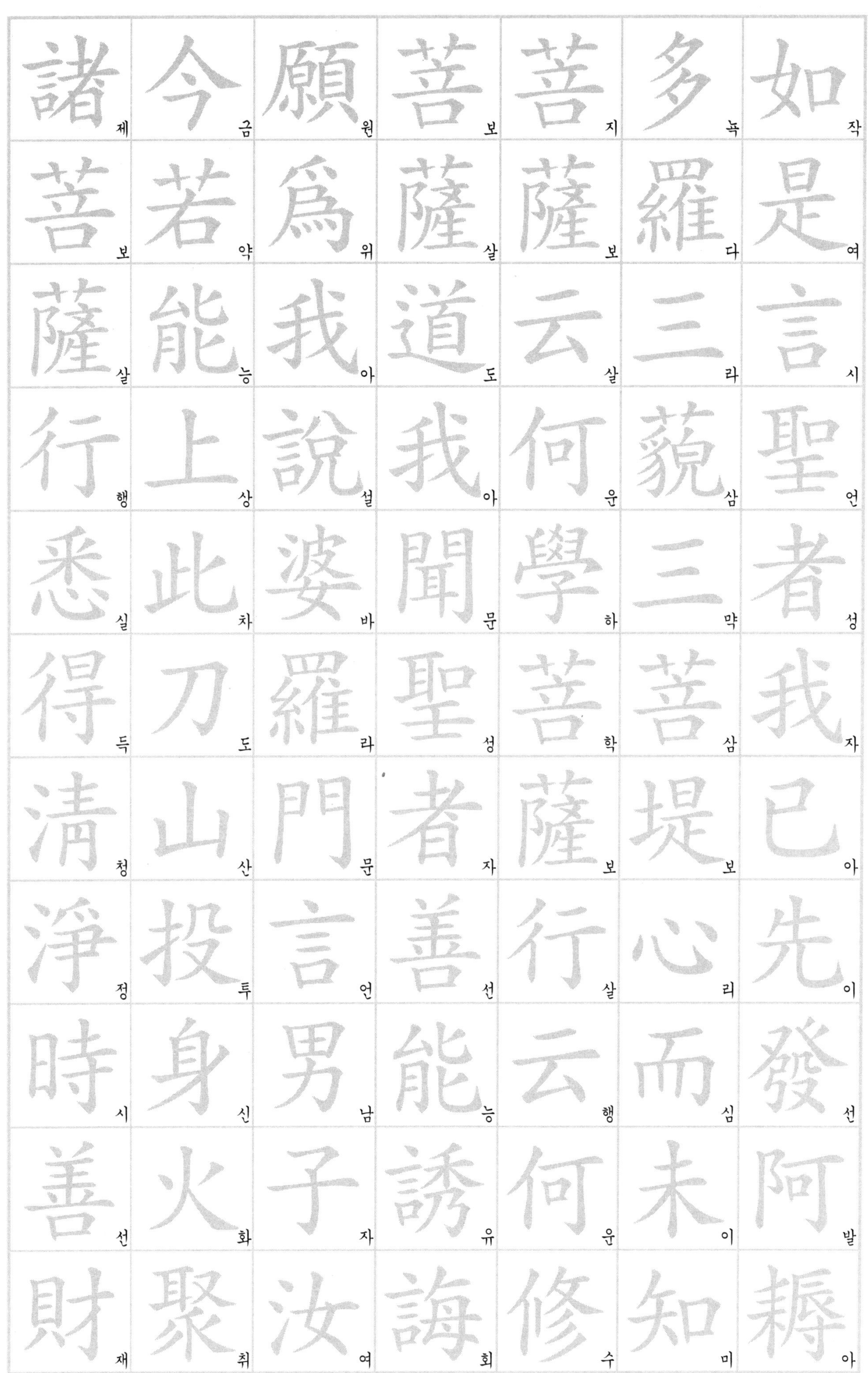

사경의 공덕은 십만억 부처님께 공양한 것과 같은 공덕이 있습니다.

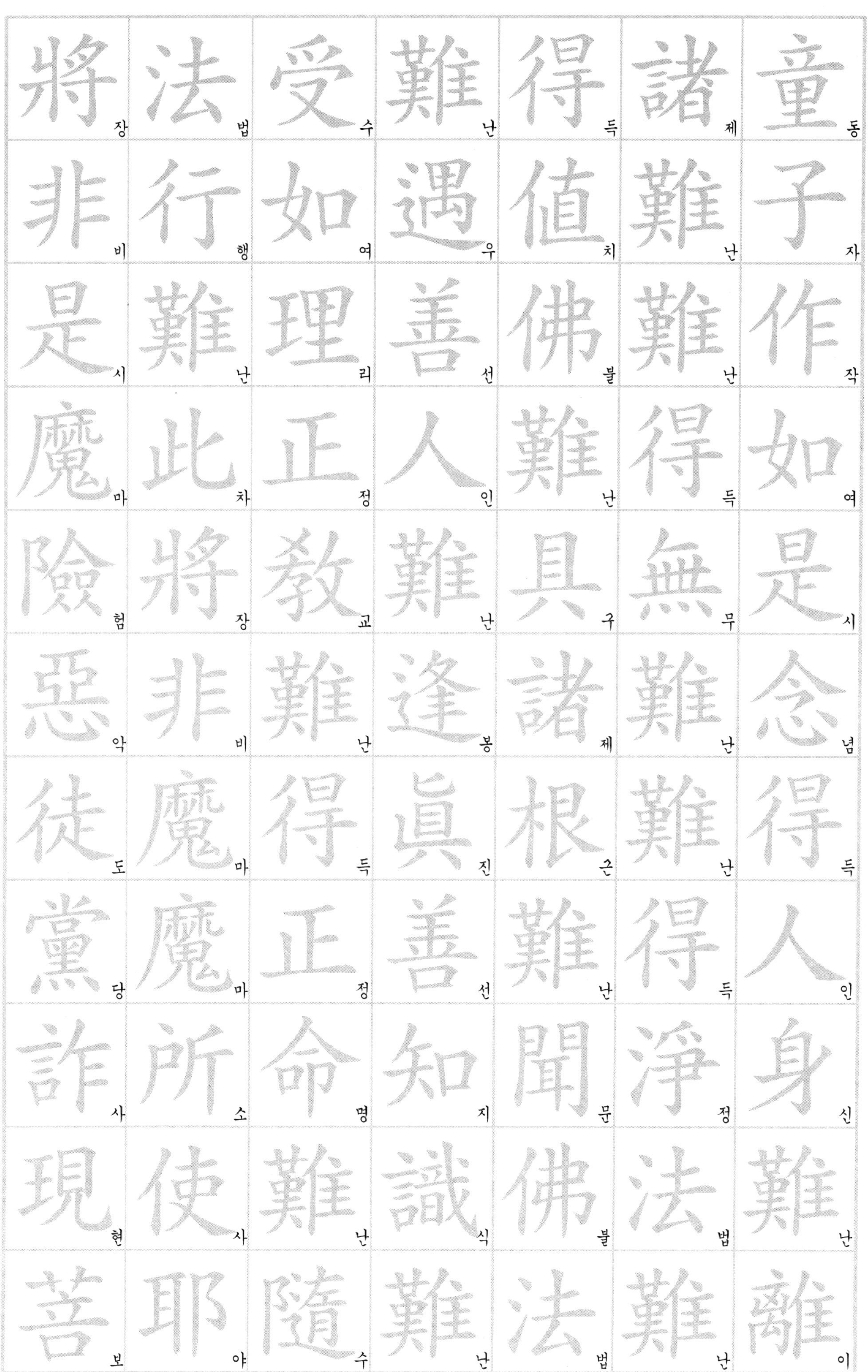

사경의 공덕은 십만억 부처님께 공양한 것과 같은 공덕이 있습니다.

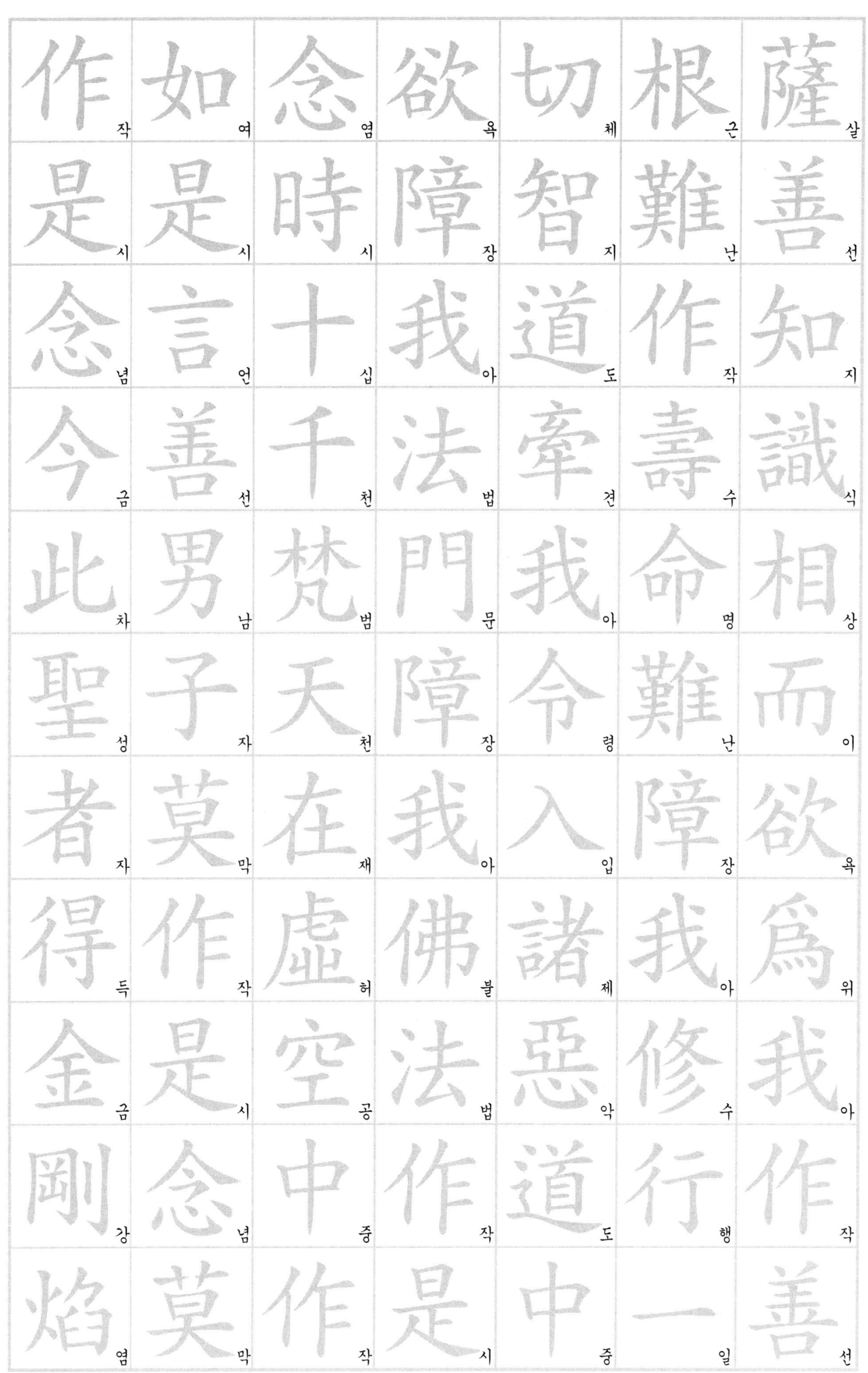

사경의 공덕은 십만억 부처님께 공양한 것과 같은 공덕이 있습니다.

三昧光明發大精進度諸衆
삼매광명발대정진도제중

生心無退轉欲竭一切貪愛
생심무퇴전욕갈일체탐애

海欲截一切邪見網欲燒一
해욕절일체사견망욕소일

切煩惱薪欲照一切惑稠林
체번뇌신욕조일체혹조림

欲斷一切老死怖欲壞一切
욕단일체노사포욕괴일체

三世障欲放一切法光明
삼세장욕방일체법광명

善男子我諸梵天多着邪
선남자아제범천다착사

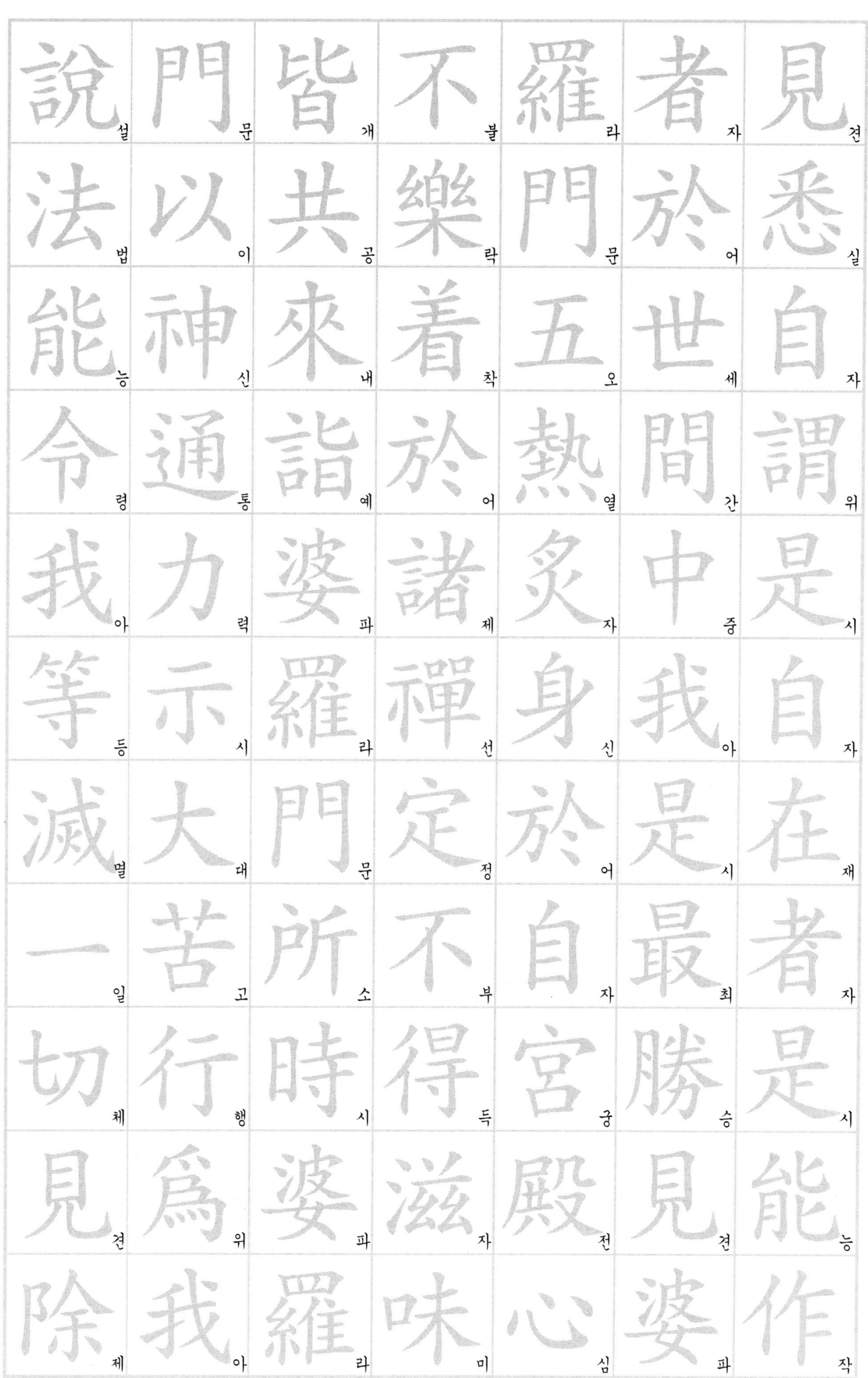
見悉自謂是自在者是能作
者於世間中我是最勝見婆
羅門五熱炙身於自宮殿心
不樂着於諸禪定不得滋味
皆共來詣婆羅門所時婆羅
門以神通力示大苦行爲我
說法能令我等滅一切見除

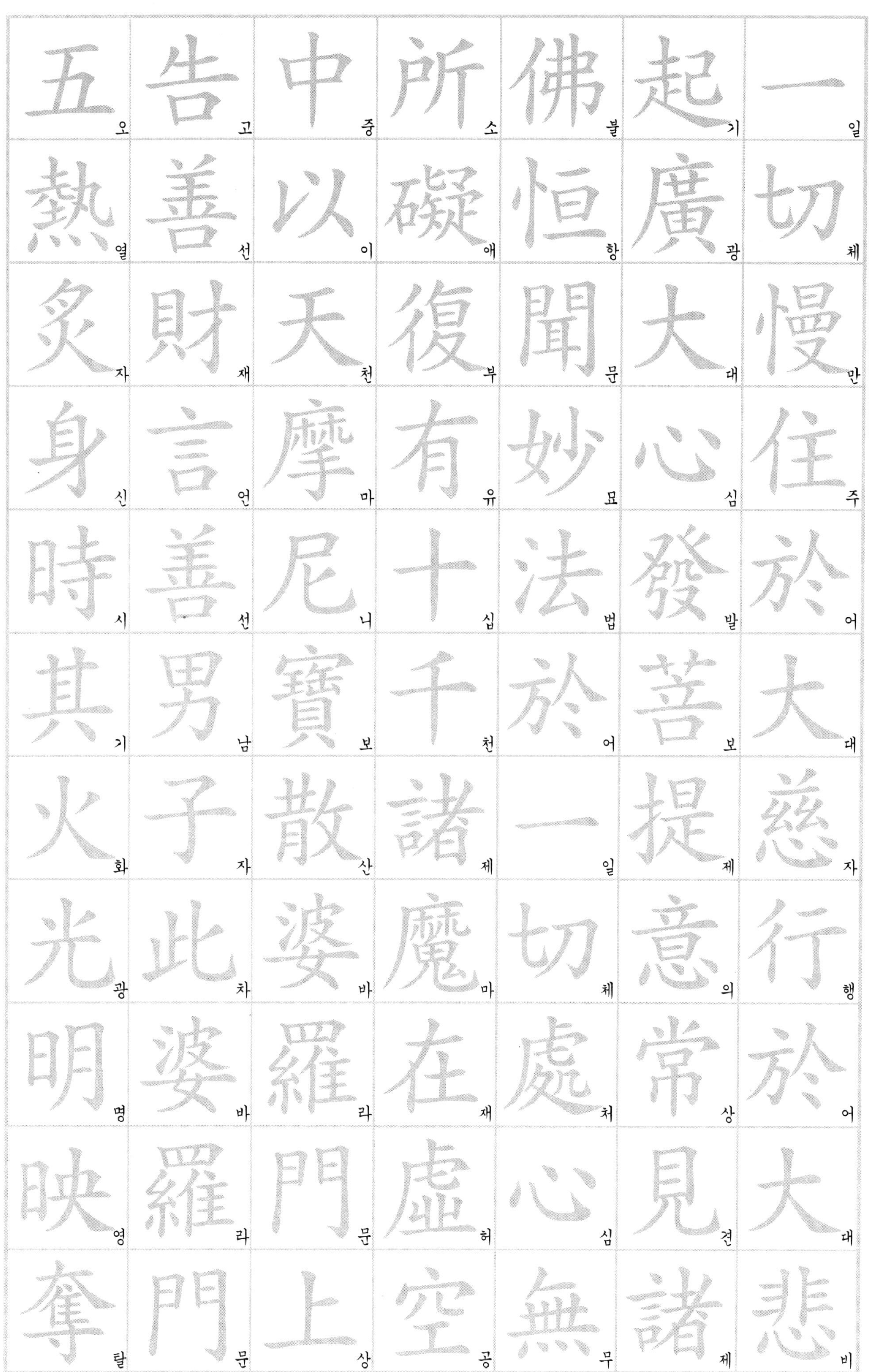
一切慢住於大慈行於大悲
起廣大心發菩提意常見諸
佛恒聞妙法於一切處心無
所礙復有十千諸魔在虛空
中以天摩尼寶散婆羅門上
告善財言善男子此婆羅門
五熱炙身時其火光明映奪

일체만주어대자행어대비
기광대심발보리의상견제
불항문묘법어일체처심무
소애부유십천제마재허공
중이천마니보산바라문상
고선재언선남자차바라문
오열자신시기화광명영탈

사경의 공덕은 십만억 부처님께 공양한 것과 같은 공덕이 있습니다.

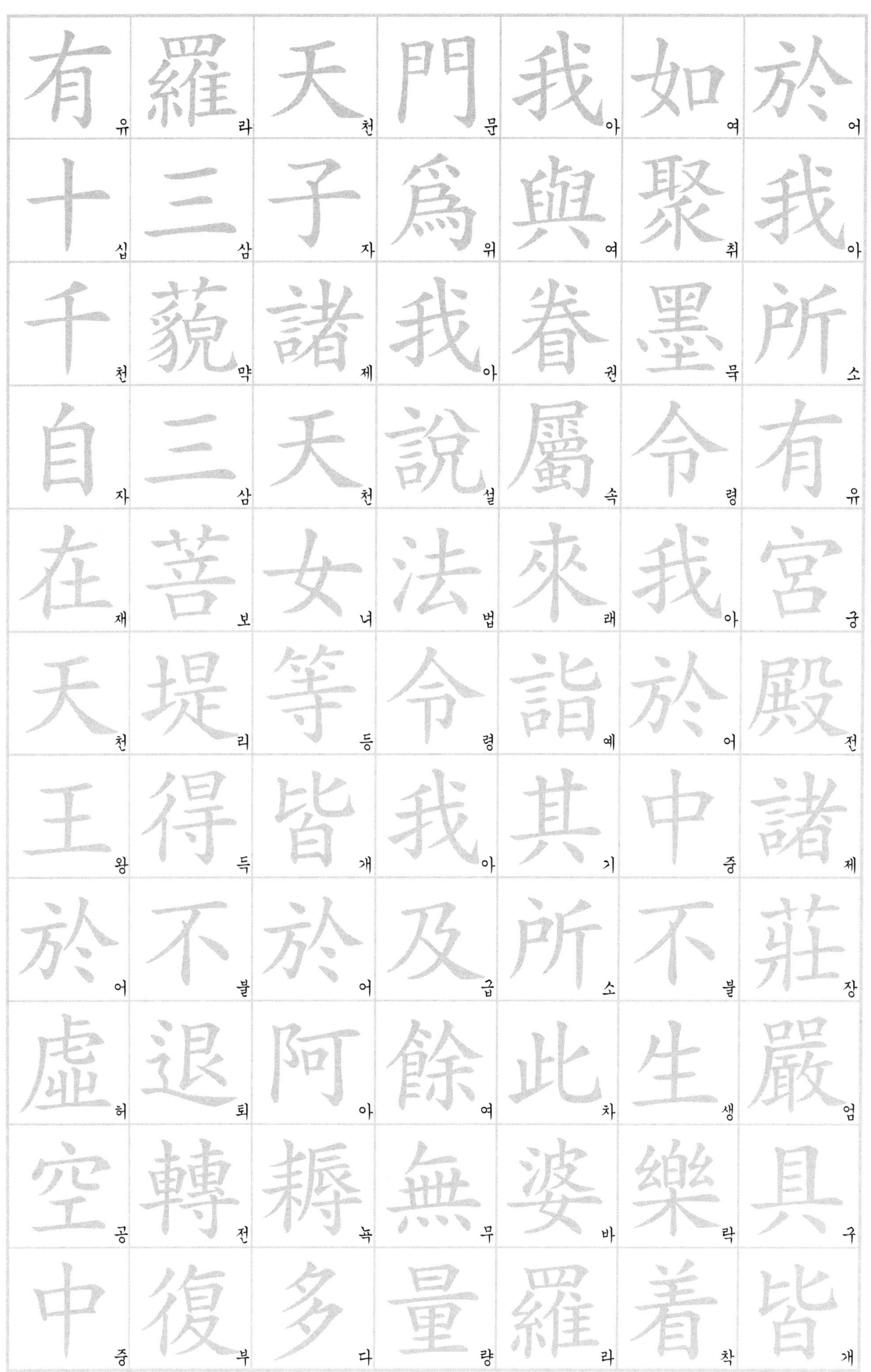
於我所有宮殿諸莊嚴具皆
如聚墨令我於中不生樂着
我與眷屬來詣其所此婆羅
門爲我說法令我及餘無量
天子諸天女等皆於阿耨多
羅三藐三菩提得不退轉復
有十千自在天王於虛空中

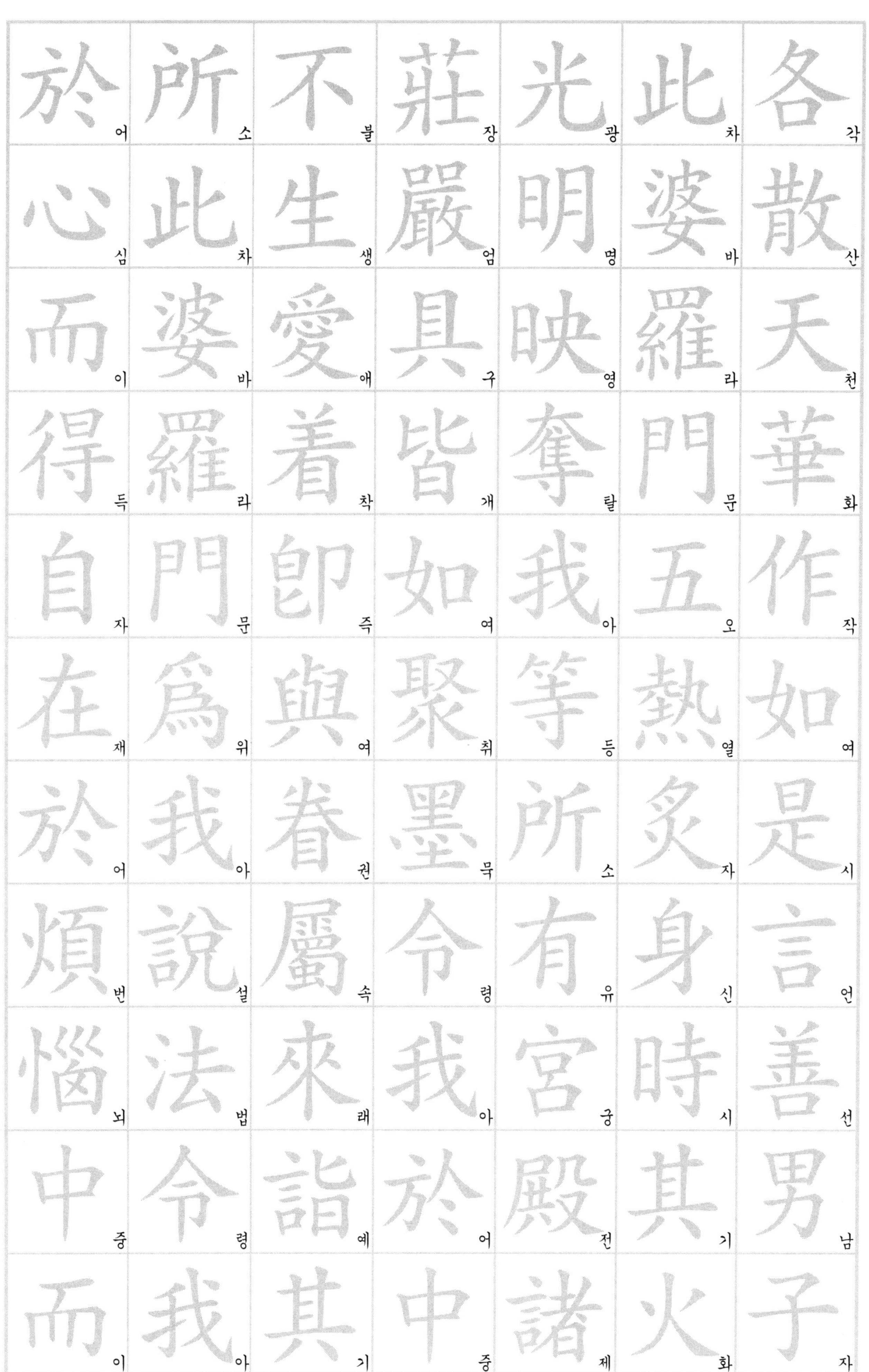

사경의 공덕은 십만억 부처님께 공양한 것과 같은 공덕이 있습니다.

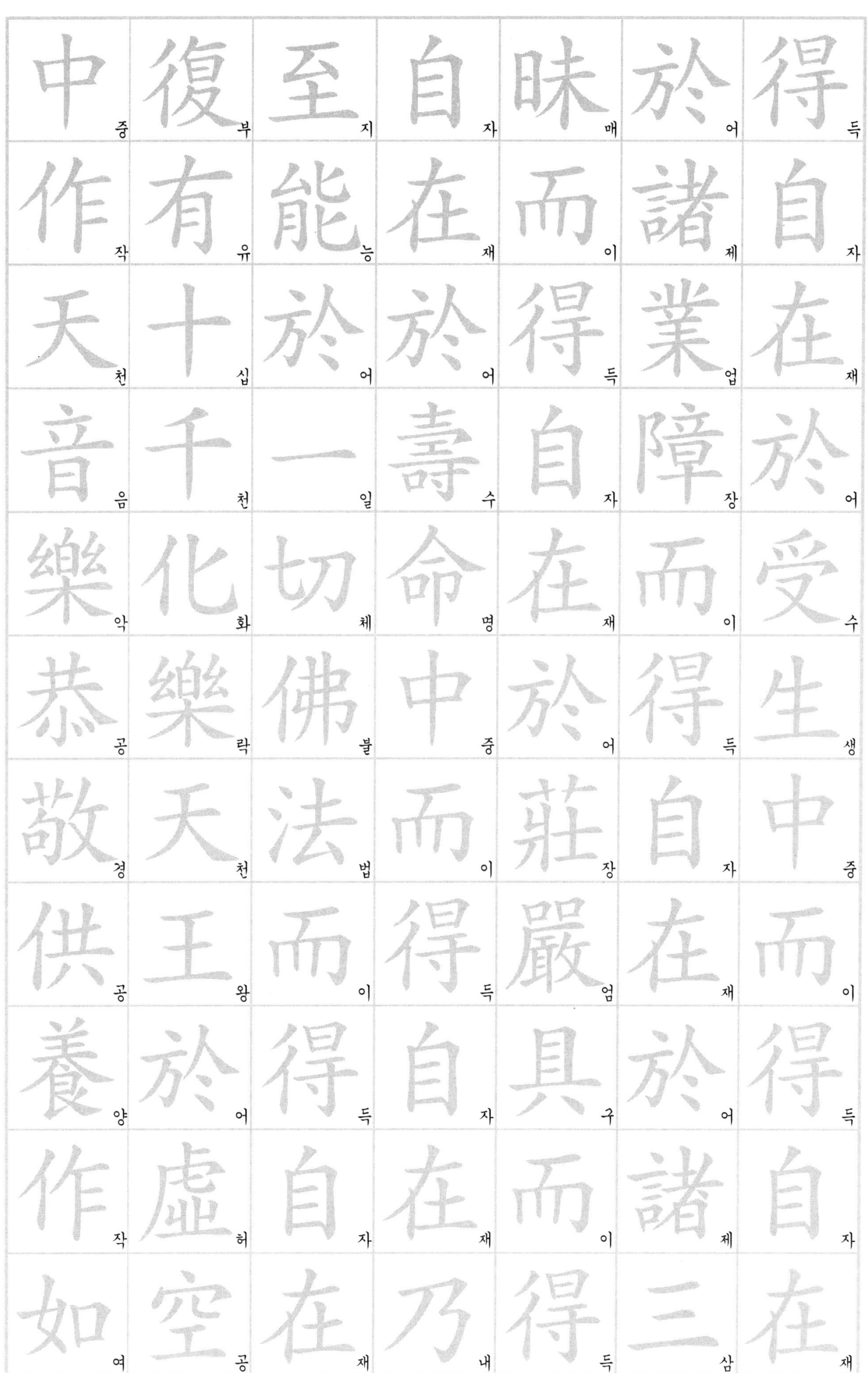
得自在於受生中而得自在
於諸業障而得自在於諸三
昧而得自在於莊嚴具而得
自在於壽命中而得自在乃
至能於一切佛法而得自在
復有十千化樂天王於虛空
中作天音樂恭敬供養作如

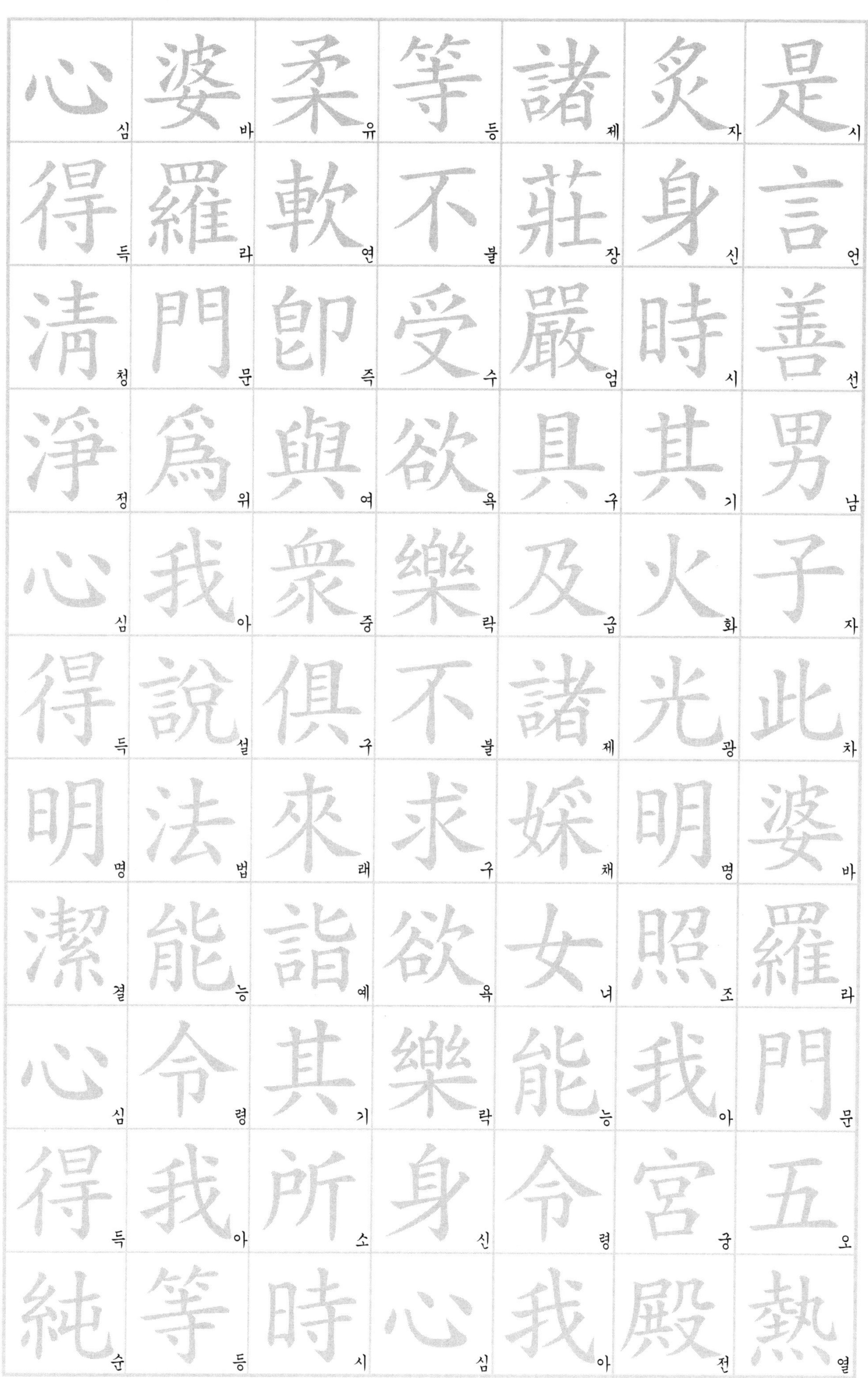

是言善男子此婆羅門五熱
시언선남자차바라문오열
炙身時其火光明照我宮殿
자신시기화광명조아궁전
諸莊嚴具及諸婇女我能令我
제장엄구급제채녀아능령아
等不受欲樂不求欲樂身心
등불수욕락불구욕락신심
柔軟卽與衆俱來詣其所時
유연즉여중구래예기소시
婆羅門爲我說法能令我等
바라문위아설법능령아등
心得淸淨心得明潔心得純
심득청정심득명결심득순

衆 중	天 천	智 지	佛 불	無 무	令 령	善 선
妙 묘	女 녀	復 부	聲 성	量 량	得 득	心 심
香 향	無 무	有 유	佛 불	身 신	清 청	得 득
恭 공	量 량	十 십	心 심	乃 내	淨 정	柔 유
敬 경	眷 권	千 천	具 구	至 지	十 십	軟 연
頂 정	屬 속	兜 도	足 족	令 령	力 력	心 심
禮 례	於 어	率 솔	成 성	得 득	清 청	生 생
作 작	虛 허	天 천	就 취	佛 불	淨 정	歡 환
如 여	空 공	王 왕	一 일	身 신	之 지	喜 희
是 시	中 중	天 천	切 체	佛 불	身 신	乃 내
言 언	雨 우	子 자	智 지	語 어	生 생	至 지

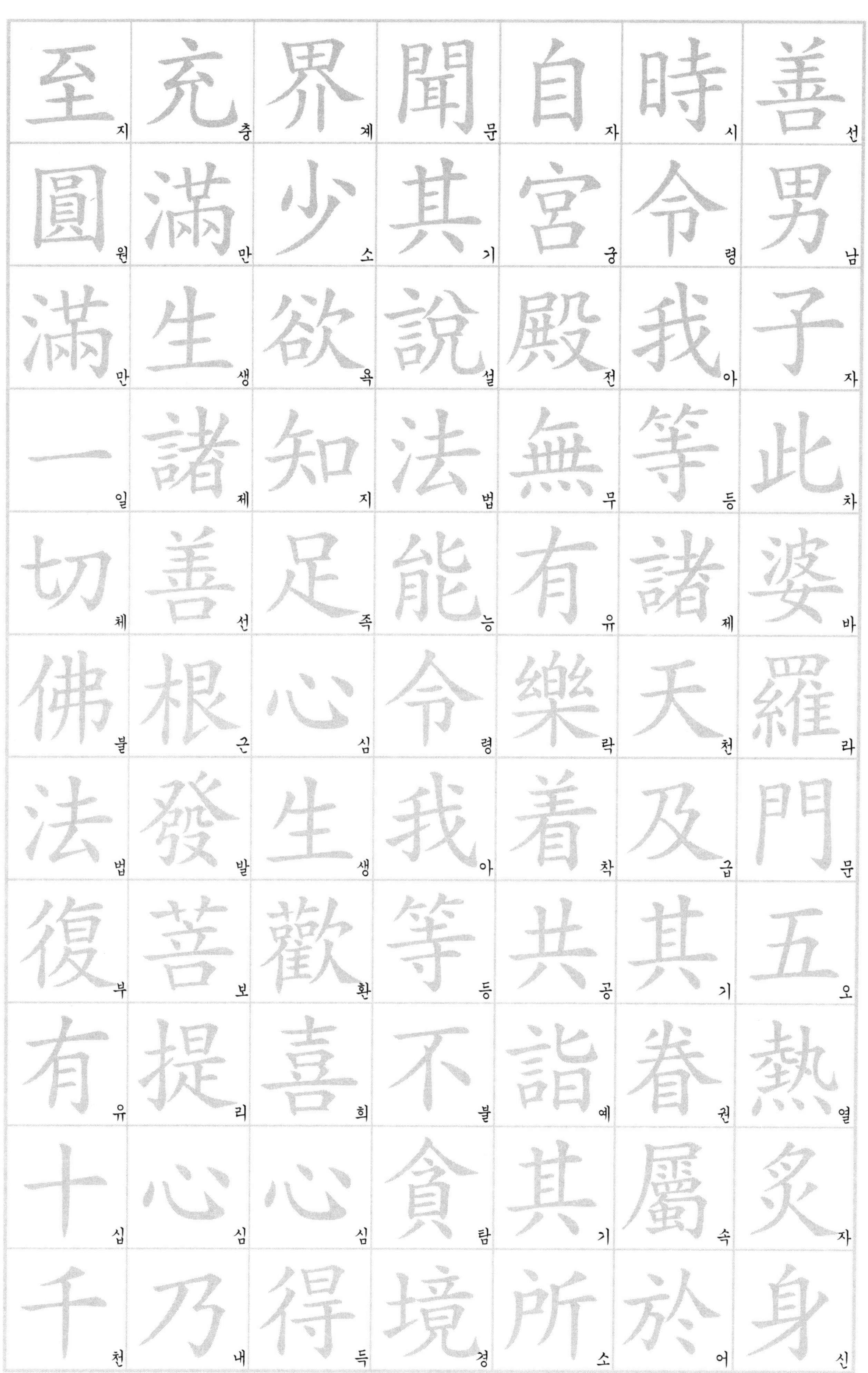

사경의 공덕은 십만억 부처님께 공양한 것과 같은 공덕이 있습니다.

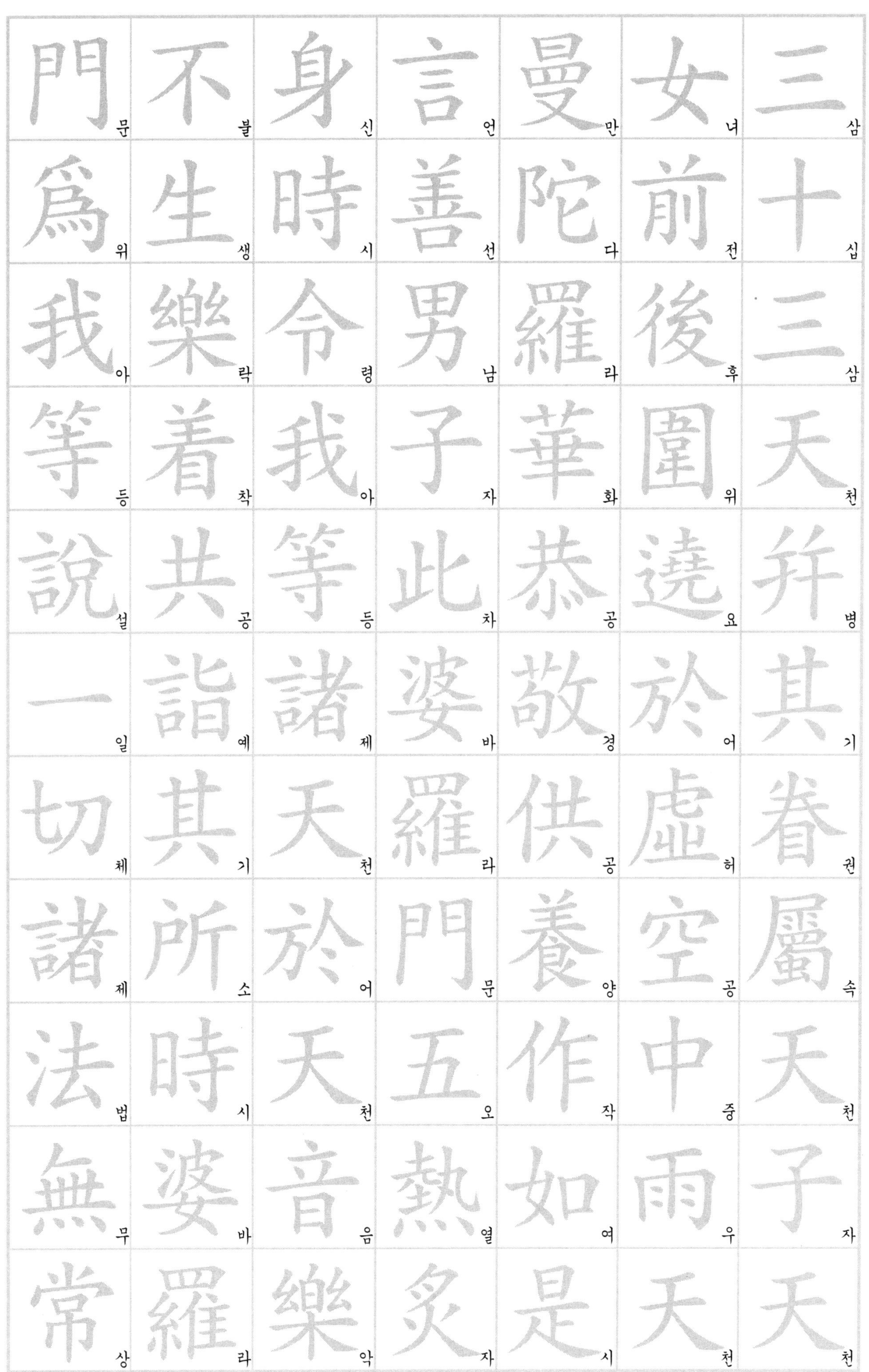

三(삼)十(십)三(삼)天(천)幷(병)其(기)眷(권)屬(속)天(천)子(자)天(천)
女(녀)前(전)後(후)圍(위)遶(요)於(어)虛(허)空(공)中(중)雨(우)天(천)
曼(만)陀(다)羅(라)華(화)恭(공)敬(경)供(공)養(양)作(작)如(여)是(시)
言(언)善(선)男(남)子(자)此(차)婆(바)羅(라)門(문)五(오)熱(열)炙(자)
身(신)時(시)令(령)我(아)等(등)諸(제)天(천)於(어)天(천)音(음)樂(악)
不(불)生(생)樂(락)着(착)共(공)詣(예)其(기)所(소)時(시)婆(바)羅(라)
門(문)爲(위)我(아)等(등)說(설)一(일)切(체)諸(제)法(법)無(무)常(상)

사경의 공덕은 십만억 부처님께 공양한 것과 같은 공덕이 있습니다.

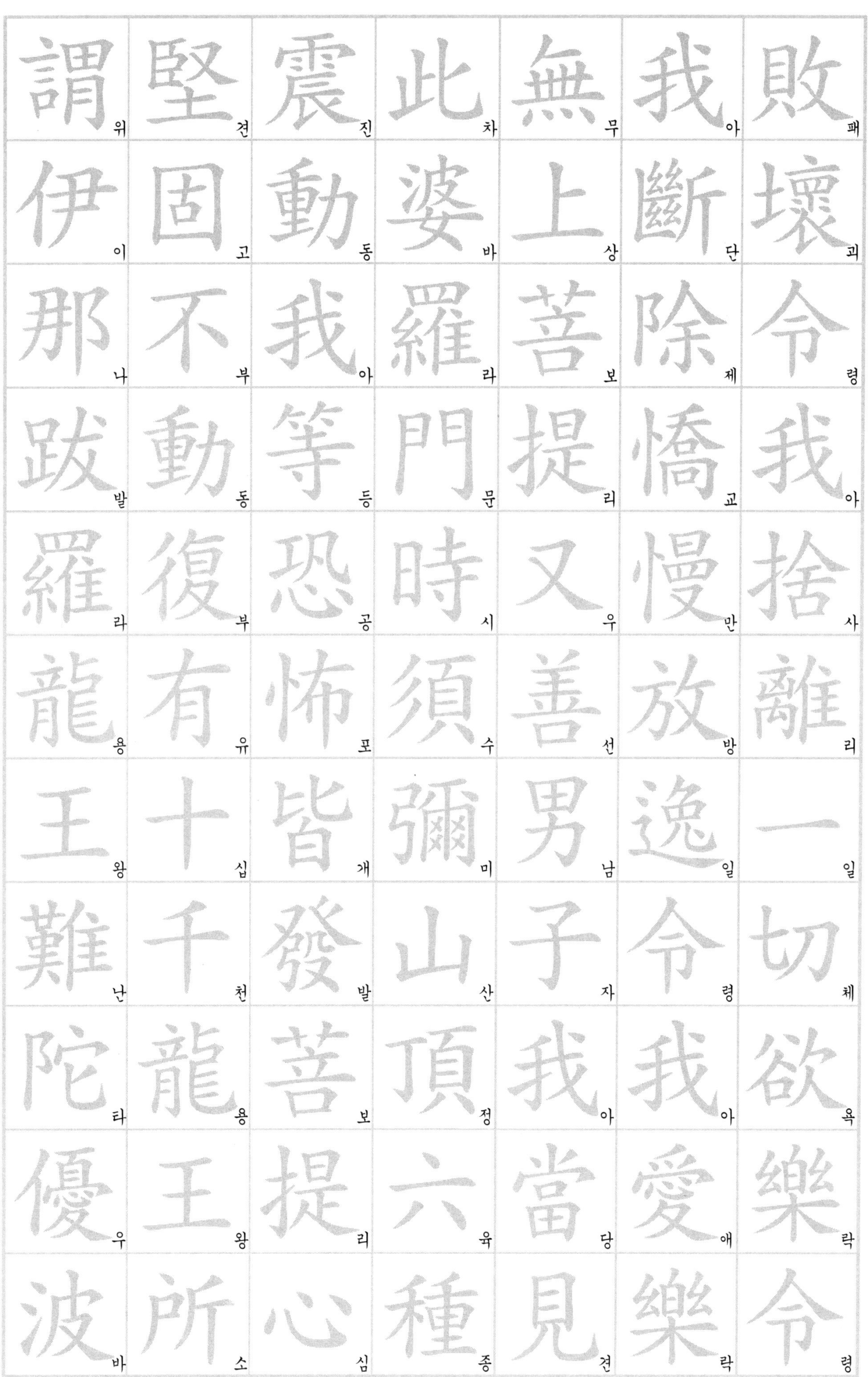
敗壞令我捨離一切欲樂令
我斷除憍慢放逸令我愛樂
無上菩提又善男子我當見
此婆羅門時須彌山頂六種
震動我等恐怖皆發菩提心
堅固不動復有十千龍王所
謂伊那跋羅龍王難陀優波

難(난)陀(타)龍(용)王(왕)等(등)於(어)虛(허)空(공)中(중)雨(우)黑(흑)

栴(전)檀(단)無(무)量(량)龍(용)女(녀)奏(주)天(천)音(음)樂(악)雨(우)

天(천)妙(묘)華(화)及(급)天(천)香(향)水(수)恭(공)敬(경)供(공)養(양)

作(작)如(여)是(시)言(언)善(선)男(남)子(자)此(차)婆(바)羅(라)門(문)

五(오)熱(열)炙(자)身(신)時(시)其(기)火(화)光(광)明(명)普(보)照(조)

一(일)切(체)諸(제)龍(용)宮(궁)殿(전)令(령)諸(제)龍(용)衆(중)離(이)

熱(열)沙(사)怖(포)金(금)翅(시)鳥(조)怖(포)滅(멸)除(제)瞋(진)恚(에)

사경의 공덕은 십만억 부처님께 공양한 것과 같은 공덕이 있습니다.

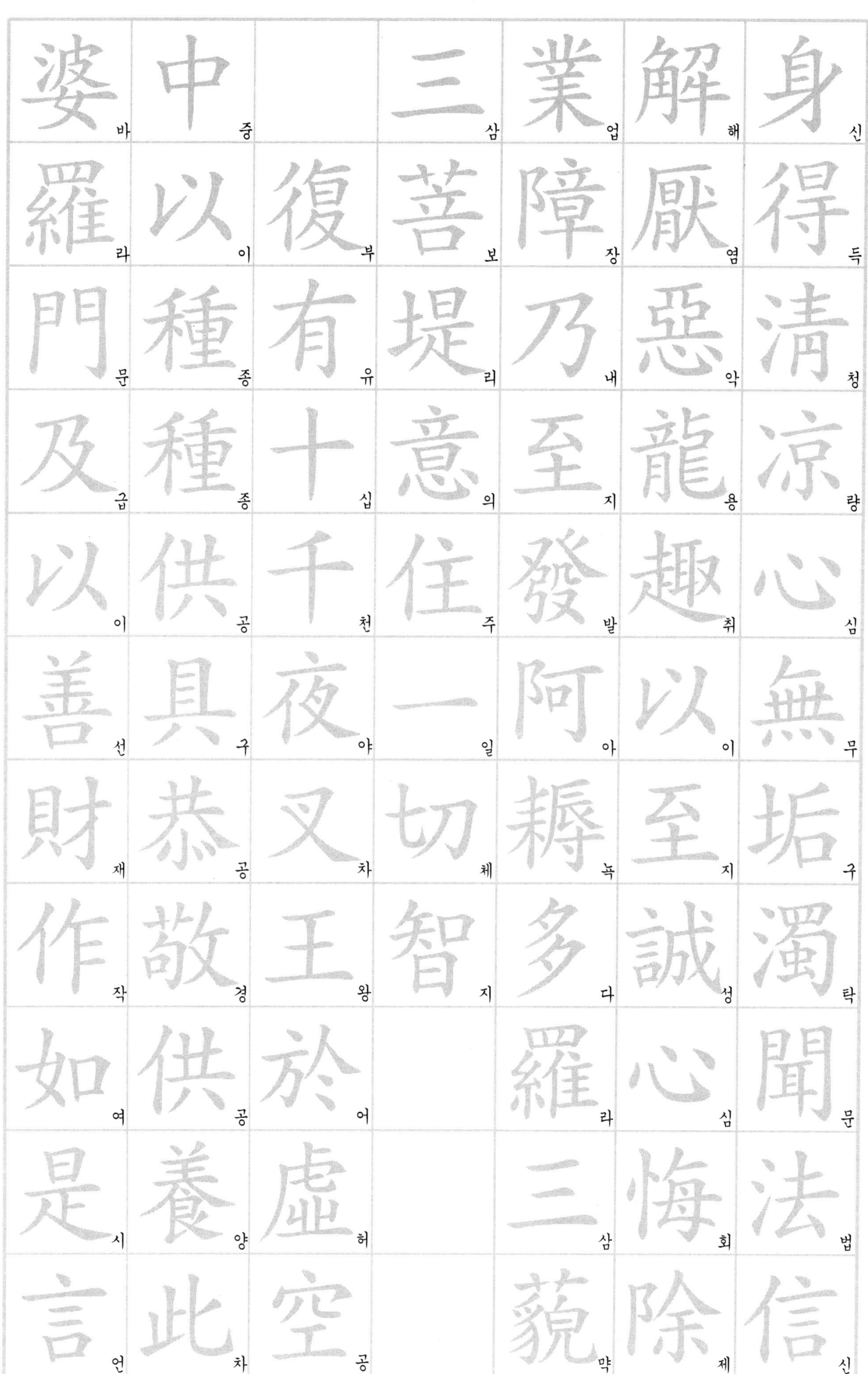

身得清涼心無垢濁聞法信
解厭惡龍趣以至誠心悔除
業障乃至發阿耨多羅三藐
三菩提意住一切智
復有十千夜叉王於虛空
中以種種供具恭敬供養此
婆羅門及以善財作如是言

善男子此婆羅門五熱炙身
선남자차바라문오열자신

時我及眷屬悉於衆生發慈
시아급권속실어중생발자

愍心一切羅刹鳩槃茶等亦
민심일체라찰구반다등역

生慈心以慈心故於諸衆生
생자심이자심고어제중생

無所惱害而來見我我及彼
무소뇌해이래견아아급피

等於自宮殿不生樂着卽與
등어자궁전불생락착즉여

供俱來詣其所時婆羅門卽
공구래예기소시바라문즉

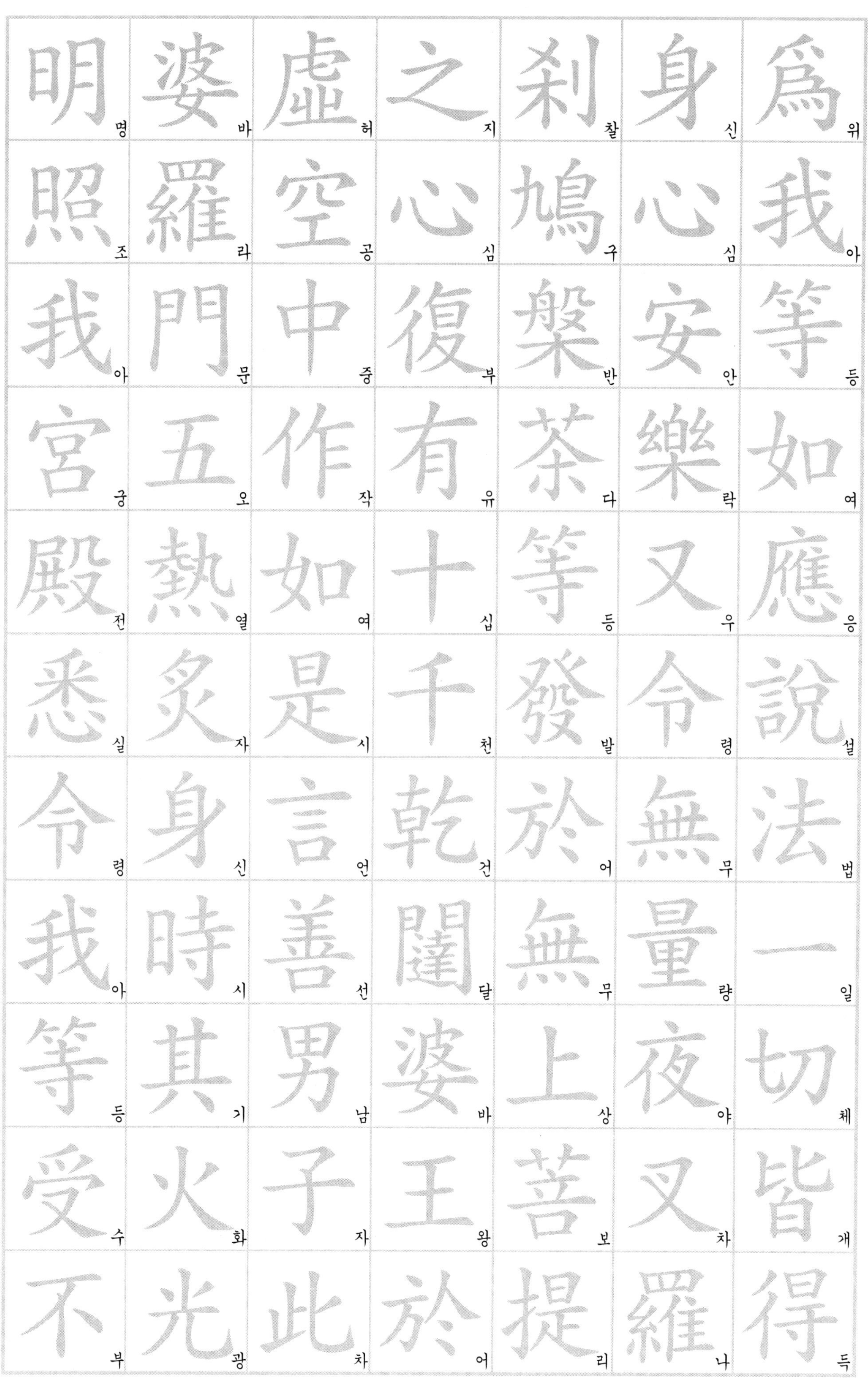
爲我等如應說法一切皆得
身心安樂又令無量夜叉羅
刹鳩槃茶等發於無上菩提
之心復有十千乾闥婆王於
虛空中作如是言善男子此
婆羅門五熱炙身時其火光
明照我宮殿悉令我等受不

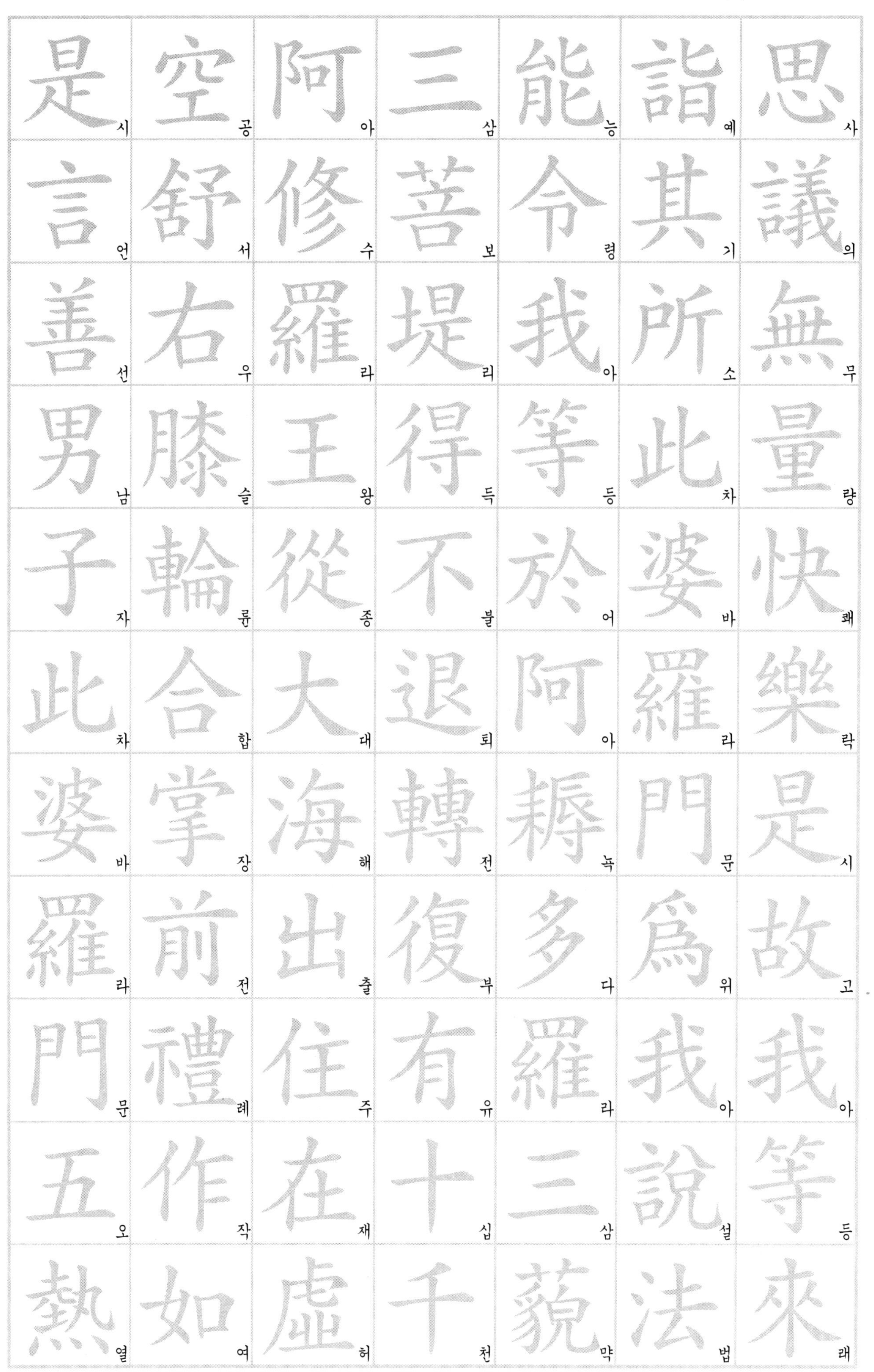
思議無量快樂是故我等來
詣其所此婆羅門爲我說法
能令我等於阿耨多羅三藐
三菩提得不退轉復有十千
阿修羅王從大海出住在虛
空舒右膝輪合掌前禮作如
是言善男子此婆羅門五熱

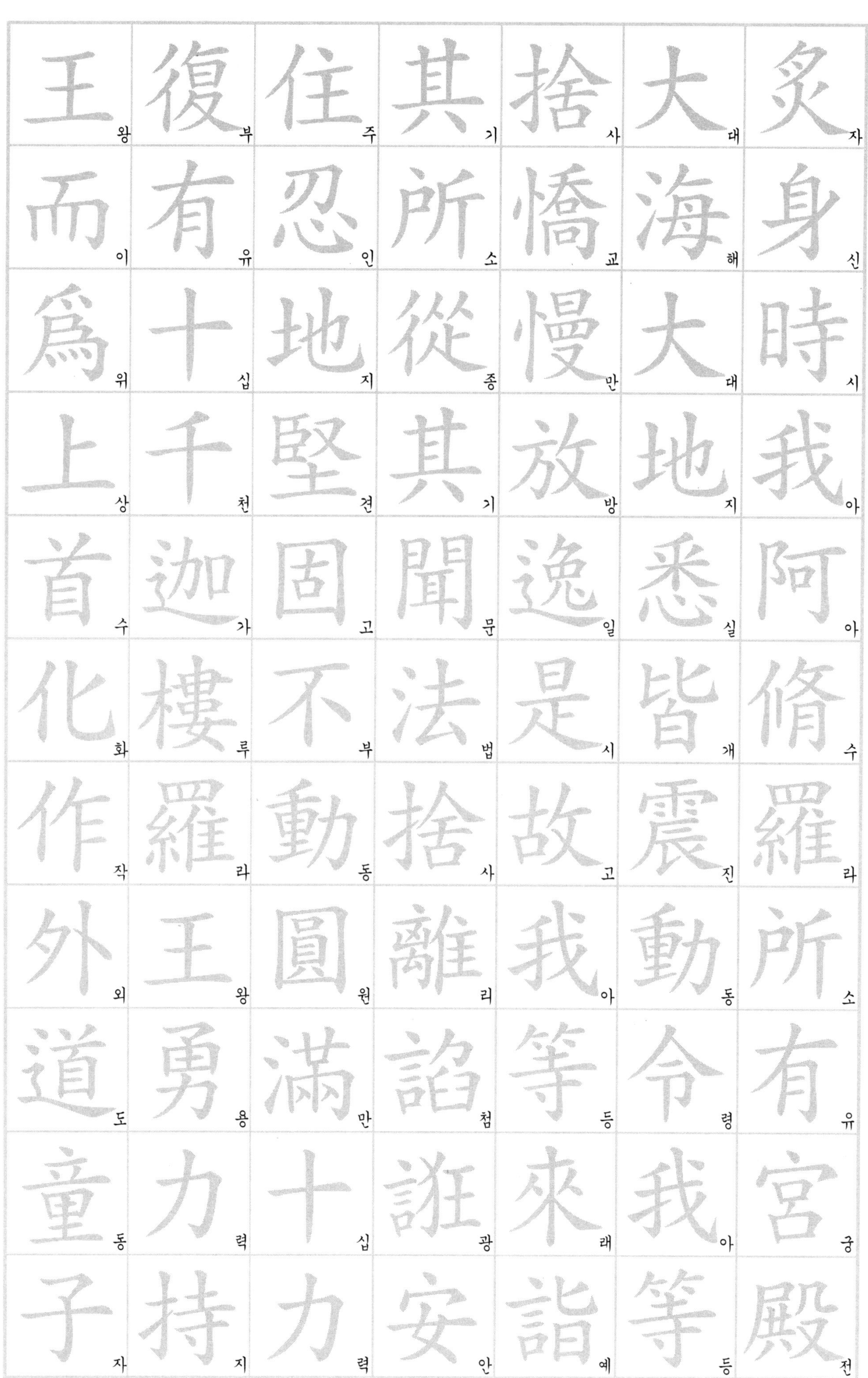

사경의 공덕은 십만억 부처님께 공양한 것과 같은 공덕이 있습니다.

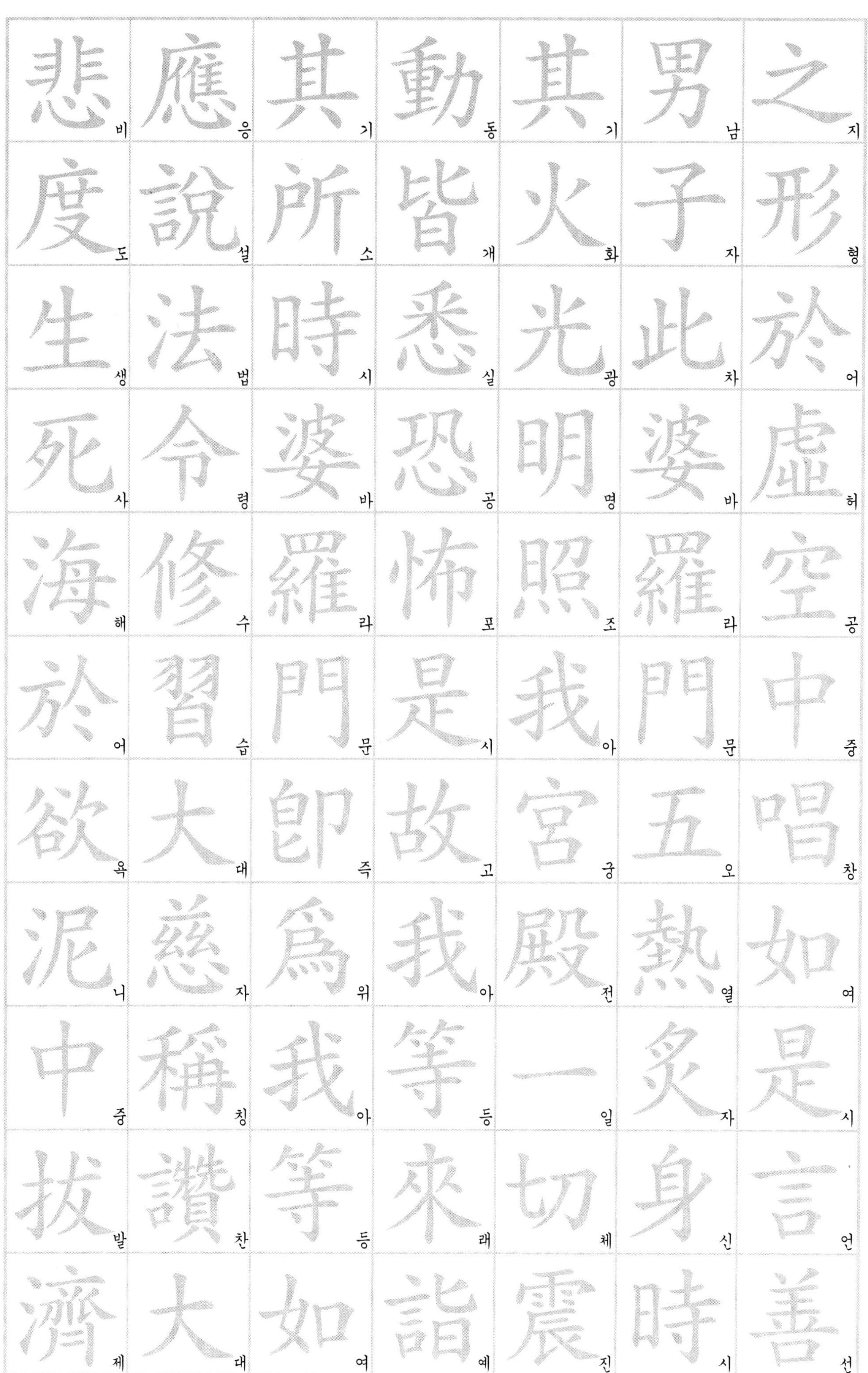
之形於虛空中唱如是言善
지형어허공중창여시언선

男子此婆羅門五熱炙身時
남자차바라문오열자신시

其火光明照我宮殿一切震
기화광명조아궁전일체진

動皆悉恐怖是故我等來詣
동개실공포시고아등래예

其所時婆羅門卽爲我等如
기소시바라문즉위아등여

應說法令修習大慈稱讚大
응설법령수습대자칭찬대

悲度生死海於欲泥中拔濟
비도생사해어욕니중발제

사경의 공덕은 십만억 부처님께 공양한 것과 같은 공덕이 있습니다.

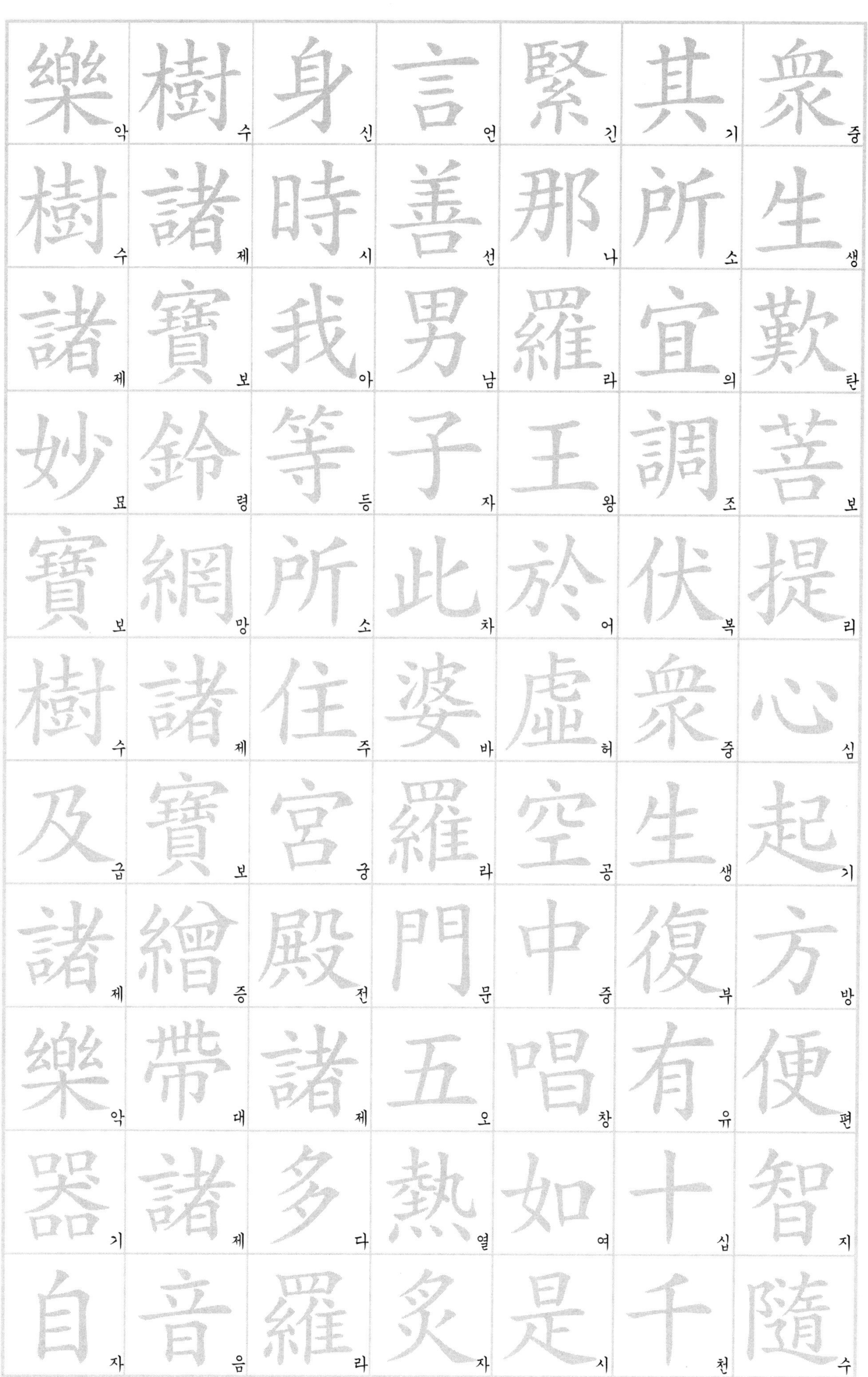
衆(중)生(생)歎(탄)菩(보)提(리)心(심)起(기)方(방)便(편)智(지)隨(수)
其(기)所(소)宜(의)調(조)伏(복)衆(중)生(생)復(부)有(유)十(십)千(천)
緊(긴)那(나)羅(라)王(왕)於(어)虛(허)空(공)中(중)唱(창)如(여)是(시)
言(언)善(선)男(남)子(자)此(차)婆(바)羅(라)門(문)五(오)熱(열)炙(자)
身(신)時(시)我(아)等(등)所(소)住(주)宮(궁)殿(전)諸(제)多(다)羅(라)
樹(수)諸(제)寶(보)鈴(령)網(망)諸(제)寶(보)繒(증)帶(대)諸(제)音(음)
樂(악)樹(수)諸(제)妙(묘)寶(보)樹(수)及(급)諸(제)樂(악)器(기)自(자)

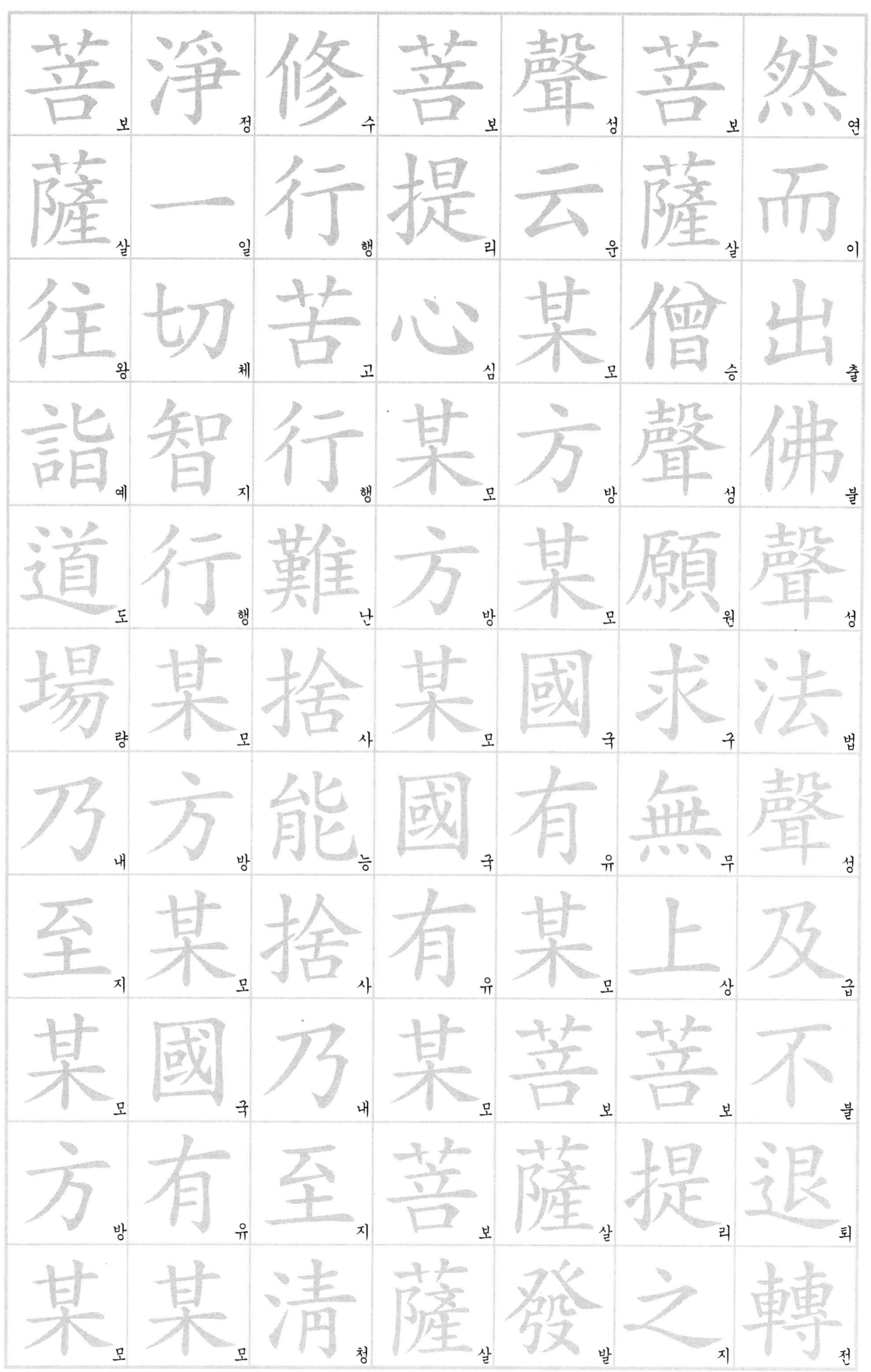

사경의 공덕은 십만억 부처님께 공양한 것과 같은 공덕이 있습니다.

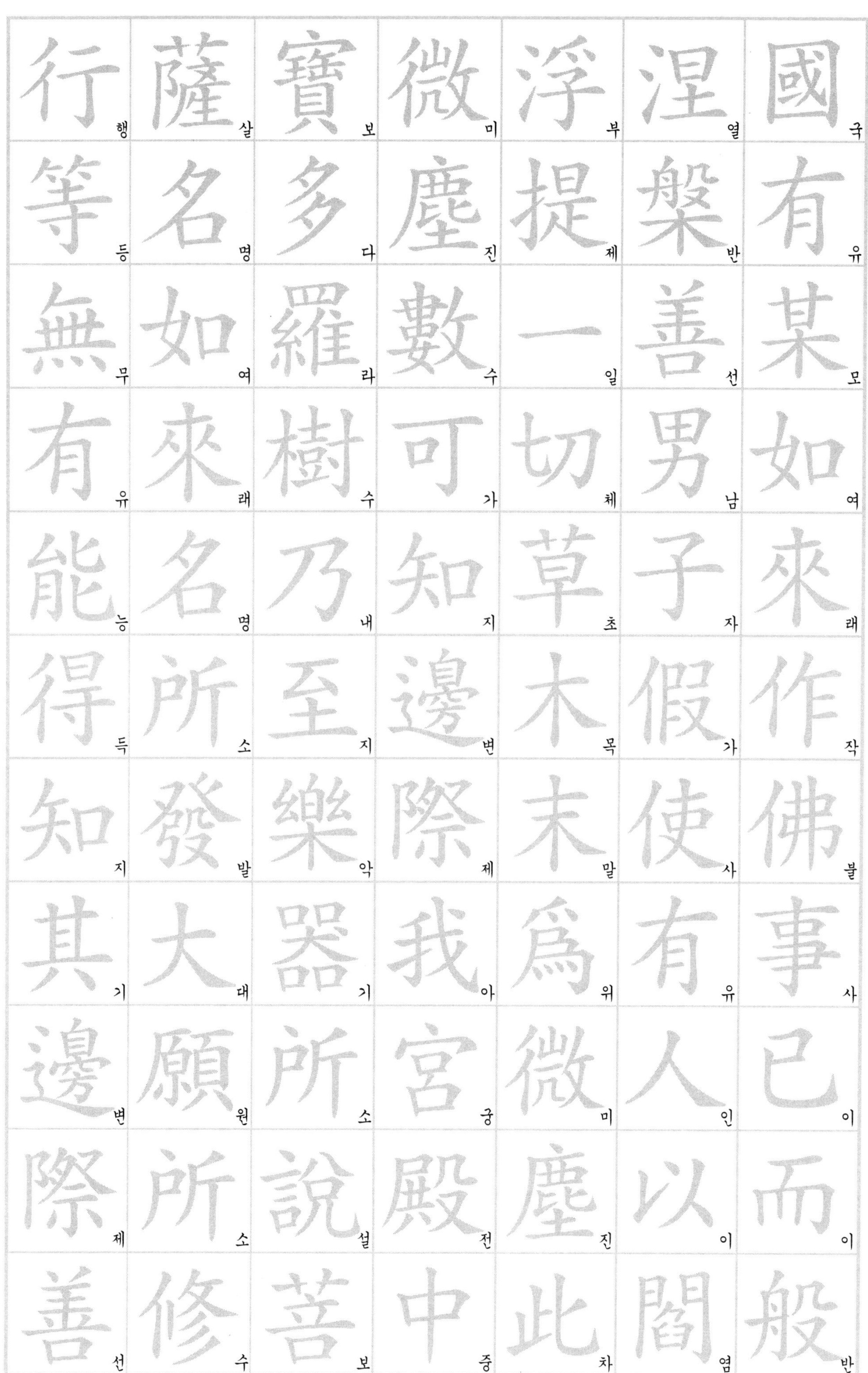
國有某如來作佛事已而般
국 유 모 여 래 작 불 사 이 이 반
涅槃善男子假使有人以閻
열 반 선 남 자 가 사 유 인 이 염
浮提一切草木末爲微塵此
부 제 일 체 초 목 말 위 미 진 차
微塵數可知邊際我宮殿中
미 진 수 가 지 변 제 아 궁 전 중
寶多羅樹乃至樂器所說菩
보 다 라 수 내 지 악 기 소 설 보
薩名如來名所發大願所修
살 명 여 래 명 소 발 대 원 소 수
行等無有能得知其邊際善
행 등 무 유 능 득 지 기 변 제 선

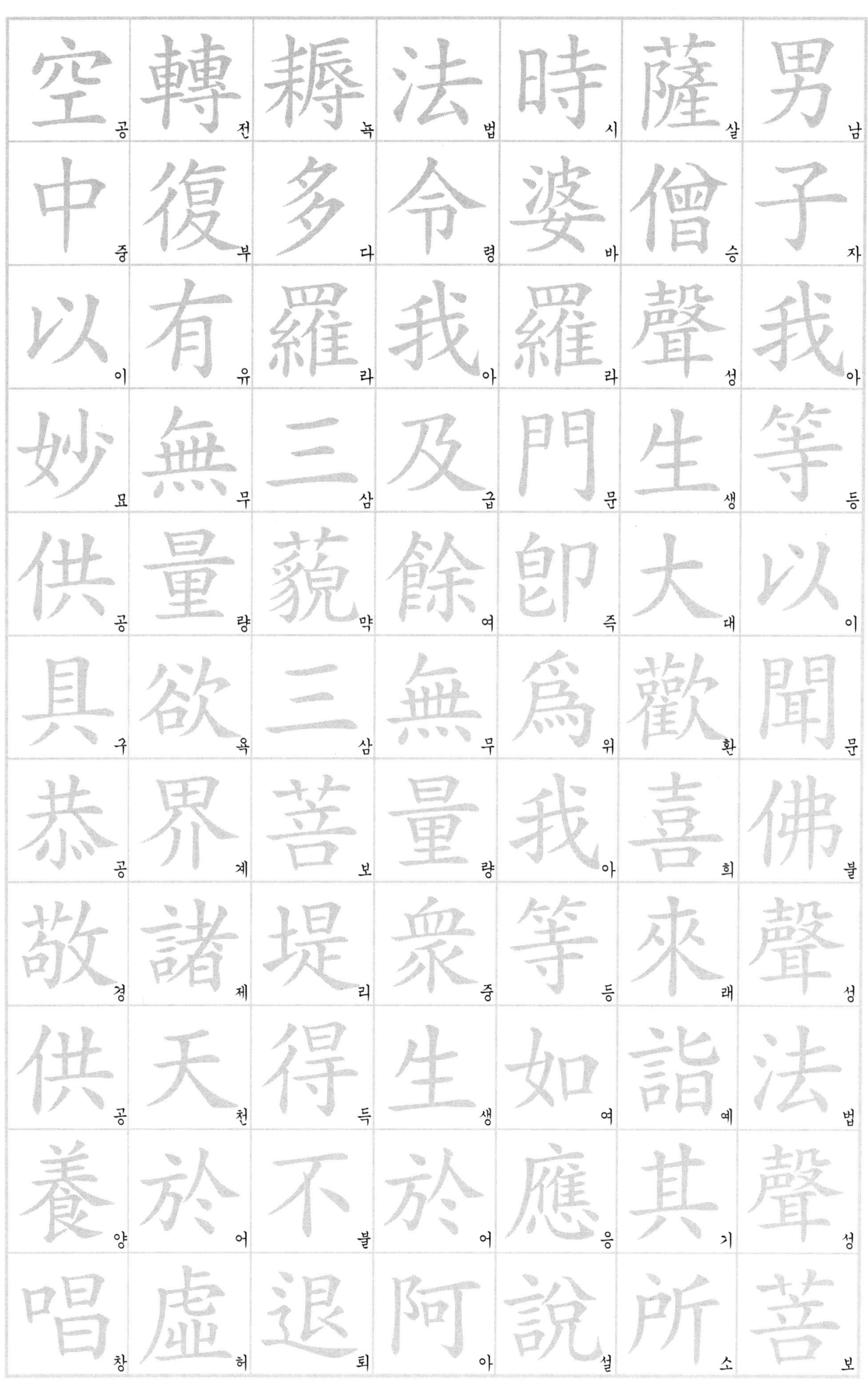

사경의 공덕은 십만억 부처님께 공양한 것과 같은 공덕이 있습니다.

如(여)是(시)言(언)善(선)男(남)子(자)此(차)婆(바)羅(라)門(문)五(오)
熱(열)炙(자)身(신)時(시)其(기)火(화)光(광)明(명)照(조)阿(아)鼻(비)
等(등)一(일)切(체)地(지)獄(옥)諸(제)所(소)受(수)苦(고)悉(실)令(령)
休(휴)息(식)我(아)等(등)見(견)此(차)火(화)光(광)明(명)故(고)心(심)
生(생)淨(정)信(신)以(이)信(신)心(심)故(고)從(종)彼(피)命(명)終(종)
生(생)於(어)天(천)中(중)爲(위)知(지)恩(은)故(고)而(이)來(래)其(기)
所(소)恭(공)敬(경)瞻(첨)仰(앙)無(무)有(유)厭(염)足(족)時(시)婆(바)

사경의 공덕은 십만억 부처님께 공양한 것과 같은 공덕이 있습니다.

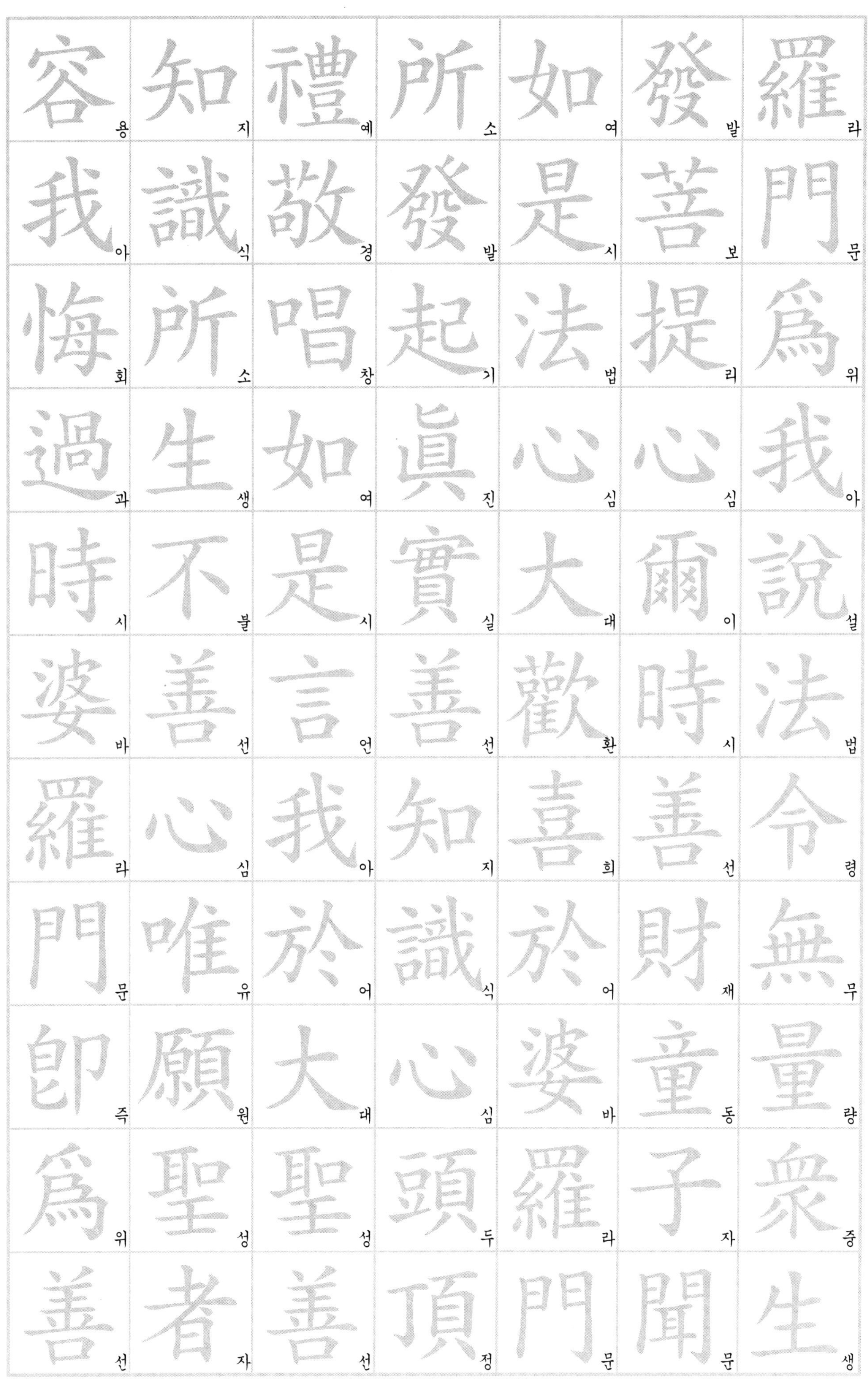

사경의 공덕은 십만억 부처님께 공양한 것과 같은 공덕이 있습니다.

財而說頌言若有諸菩薩順
재이설송언약유제보살순

善知識教一切無疑懼安住
선지식교일체무의구안주

心不動當知如是人必獲廣
심부동당지여시인필획광

大利坐菩提樹下成於無上
대리좌보리수하성어무상

覺
각

爾時善財童子卽登刀山
이시선재동자즉등도산

自投火聚未至中間卽得菩
자투화취미지중간즉득보

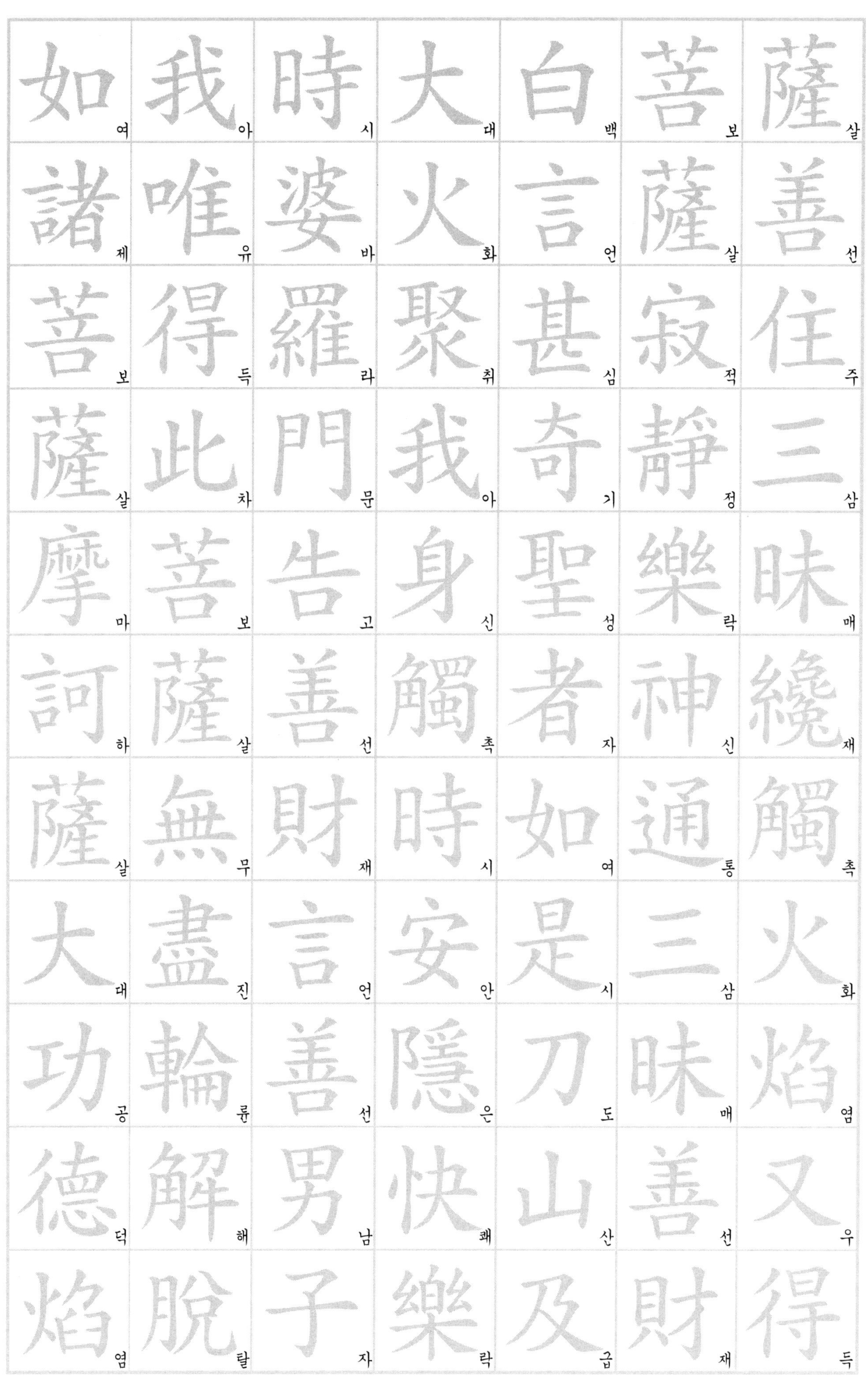
薩善住三昧纔觸火焰又得
살선주삼매재촉화염우득
菩薩寂靜樂神通三昧善財
보살적정락신통삼매선재
白言甚奇聖者如是刀山及
백언심기성자여시도산급
大火聚我身觸時安隱快樂
대화취아신촉시안은쾌락
時婆羅門告善財言善男子
시바라문고선재언선남자
我唯得此菩薩無盡輪解脫
아유득차보살무진륜해탈
如諸菩薩摩訶薩大功德焰
여제보살마하살대공덕염

사경의 공덕은 십만억 부처님께 공양한 것과 같은 공덕이 있습니다.

能燒一切衆生見惑令無有
능소일체중생견혹령무유

餘必不退轉無窮盡心無懈
여필불퇴전무궁진심무해

怠心無怯弱心發如金剛藏
태심무겁약심발여금강장

那羅延心疾修諸行無遲緩
나라연심질수제행무지완

心願如風輪普持一切精進
심원여풍륜보지일체정진

大誓皆無退轉而我云何能
대서개무퇴전이아운하능

知能說彼功德行善男子於
지능설피공덕행선남자어

此南方有城名師子奮迅中
차남방유성명사자분신중

有童女名曰慈行汝詣彼問
유동녀명왈자행여예피문

菩薩云何學菩薩行修菩薩
보살운하학보살행수보살

道時善財童子頂禮其足遶
도시선재동자정례기족요

無數匝辭退而去
무수잡사퇴이거

發 願 文

귀의 삼보하옵고
거룩하신 부처님께 발원하옵나이다.

주　　소 : ____________________

전　　화 : ____________ 불 명 : ____________ 성 명 : ____________

불기 25 ______ 년 ______ 월 ______ 일